小文艺·口袋文库

成为你的美好生活

I知人
 cons

胶囊式传记　记取一个天才的灵魂

梵高

一种力量在沸腾

VAN GOGH | A POWER SEETHING

[英]朱利安·贝尔 | 著　付春光 | 译

上海文艺出版社
Shanghai Literature & Art Publishing House

十九岁的文森特·梵高

梵高博物馆,荷兰阿姆斯特丹

《雪中的矿工》(Miners in the Snow),1880 年

库勒·穆勒博物馆,荷兰奥特洛

《坐在火炉旁的地板上抽着雪茄烟的西恩》
(Sien with a Cigar Sitting on the Floor Near the Stove),1882 年

库勒·穆勒博物馆,荷兰奥特洛

《干草堆》(Haystacks), 1888 年

库勒·穆勒博物馆,荷兰奥特洛

《粉色的桃树》(纪念毛弗)

(Pink Peach Tress, Souvenir de Mauve), 1888 年

库勒·穆勒博物馆,荷兰奥特洛

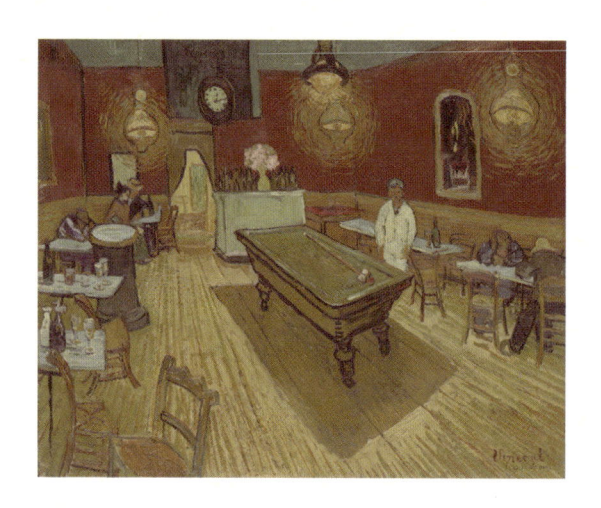

《夜晚的咖啡馆》（The Night Cafe），1888年

耶鲁大学画廊

《日出的麦田》（Wheatfield with Rising Sun），1889年

库勒·穆勒博物馆，荷兰奥特洛

前言

出于对文森特·梵高这位伟大画家的热爱，以及对其在书信中所表现出的感人肺腑的口才的钦佩，我写了这本传记。在研究中，我还发现文森特是一个社交上的"另类"，步履蹒跚地游走在十九世纪的荷兰和法国。我越来越喜爱文森特的这一面，尽管我并不总是如此。我之所以决定写这本书，是因为在我看来他的这种三面性有一种开放的空间。虽然文森特在书信中已提供了关于自己作品最详尽的评论，但是并没有就他到底画了什么或者就他的行为给出一致的结论，而书信之间也常常自相矛盾。因此这种内在的矛盾需要来自第三方的解读。我的目标是对其进行一种与时俱进的简明的代入式解读，去魅的同时，也不失同情。

之所以要做到简明是因为截至2013年动笔之日，关于文森特的传记资料数量极其庞大。谈及文森特在他十年的绘画生涯中创作的两千一百多幅油画、素描和版画，阿姆斯特丹近期翻新的梵高博物馆提供了一系列更详细的收藏目录，作为对扬·胡尔斯克的单卷分类目录（1996年最后一次修订）的补充。这些已出版的所有书卷是供当代学者们参考的文献。2009年由莱奥·扬森、汉斯·卢伊特詹和尼安克·巴克编辑出版的完整版书信录同样提供了绝佳的素材。谈及文森特的纪实事件，包括我本人在内的所有对其感兴趣的研究者都应深深地对史蒂文·奈菲和格雷戈里·怀特·史密斯表示感谢，他们二人通过大量取证编纂了一部953页的详尽的《梵高的一生》（2011年），虽然在内容删减上可能会引起争议。

我写这本书的另一个原因是因为我也是一名画家。从这个角度来说，由于文森特的油画非常重要，所以他的行为具有研究价值，而非相反。我相信文森特本人也会同意我的观点，我还相信他的一生中大部分时间是快乐的，因为他大部分时间都是在作画。然而，正如以上所述，本书中将着重叙述文森特的表现，而非他的油画。将我手头的资料看作是交响乐队，在这种复杂的演奏中，作为一位新人的我只能提心吊胆地迈上舞台，尽我所能地跟上旋律与音调了。

目录

1　圣徒　　001

2　罪人　　029

3　丧家犬　053

4　冒险家　077

5　"日本"　109

6　破碎　　145

1 圣徒

1

幼年的文森特·梵高最喜欢光顾的就是灌木丛生的小树林或是河堤岸。石楠和刺藤丛中鹪鹩用枝叶和苔藓筑成的尖尖小巢，画眉或麻雀搭在山楂树里的小窝，或是黄鹂鸟儿编织的小吊床，往往更能让他兴致盎然。（他已然把鹪鹩和画眉归到"艺术家"之列，在他之后的书信中有所提及。）[1] 在离家稍近的地方，他常常会伏在小溪旁的水芹和灯芯草丛中，捕捉水里的甲虫，捕到后便将它们滑进瓶子里。

布拉班特省是骑跨在荷兰和比利时边界的一块巨大贫瘠的沙地。在十九世纪六十年代，这里大部分还是荒地，到处是橡树和松林，可耕之地寥寥无几。那些黑麦田沿着

---

[1] 参见梵高写给安乐·凡·拉帕德的信，尼厄嫩，1885 年 8 月 8—15 日，编号第 526 封。本书中的信件均引自利奥·扬森（Leo Jansen），汉斯·卢伊特詹（Hans Luitjen）与尼恩可·巴克（Nienke Bakker）共同编辑出版的《文森特·梵高：完整书信集》(Yincent van Gogh: The Complete Letters，伦敦：泰晤士与哈德森出版社，2009)。以下对信件来源不逐一做出注释。——编者注

河流一岸延绵开来,每到夏天,成群的百灵鸟在此安营扎寨,不时地从麦田里飞出来。小河彼岸,一条小路在草地和马铃薯地的围绕下蜿蜒向前,爬上山坡,直达花园的大门口。比文森特小六岁的妹妹伊丽莎白"莱斯"·梵高回忆她哥哥每次经过门口的模样:"步伐敦实,耸肩驼背,深邃的小眼睛上,永远是使劲皱着的眉头。"[1] 他会径直走过,完全无视正在玩耍的伊丽莎白以及在两人之间出生的比文森特小两岁的安娜和小四岁的提奥,即使在父母面前也不停留,而他的父母虽然大部分时间都在花园里,心思却全都在楼上。到了二楼文森特与提奥的卧室,他会把捕到的虫子从瓶子里倒出来,把这次远行的成果塞进一个裹着内衬的硬纸盒,工工整整地在固定好的标本上用拉丁文注上名字。

文森特的母亲也叫安娜,安娜·卡本特斯。她经常在花园里拾掇她的金盏菊和蔷薇,指挥花匠修整豌豆垅和果树,督促孩子们把分配给他们的农活做完。安娜的丈夫,多鲁斯(特奥多鲁斯的简称)喜欢坐在那儿写他的布道经文。星期天的早上,多鲁斯会身穿黑袍,带着同样着装的家人从前门出发,沿着津德尔特市场南边的小路,穿过另一个沙地村庄的广场,来到荷兰归正教会行使牧师的职责。

---

[1] 伊丽莎白·休伯塔·迪凯纳(Elisabeth Huberta Du Quesne)的《梵高:梵高回忆录》,凯瑟琳·S·德雷尔(Katherine S. Dreier)译(波士顿:米夫林集团,1913),第4页。——作者注,下同

这个瘦弱矮小的男人，作为神职人员，虽然不至于受到他人数不多的会众敬仰，但在道德上、学识上和经济上却有着一定的权威，在这块以天主教教徒居多的荷兰土地上，维护着新教徒的利益。

津德尔特的大部分农民和比利时边境上的布拉班特人都拥有着共同的宗教信仰。而梵高一家在这艰苦的环境里仍秉持着荷兰的城市文化。家里到处弥漫着书香之气。圣经虽拥有至高无上的权威，但大量的现代作品似乎也与之相得益彰。一家人会挤到火炉旁读查尔斯·狄更斯的《圣诞颂歌》，一起感受着故事里说的没有爱相互支撑，生活会凄凉到何等地步，也会读约翰·大卫·维斯的传奇小说《海角一乐园》，书里讲述了亲密无间的一家人落难到一座热带岛屿上，继而挑战自然、战胜自然的历程。也恰恰是这种想象力促使文森特去探索荒野和溪河，去接受来自博大的自然画卷的馈赠，从而完成对野生物种的收集。同样，文森特对于生活中细小事物的捕捉，也折射出汉斯·克里斯蒂安·安徒生作品的特点，那就是给花木或鞋子虚构出或诡异或怯懦的人物性格。

不管是狄更斯、维斯，还是安徒生，他们都鼓励读者去更好地承担社会责任，这和信奉荷兰当代新教教义的多鲁斯不谋而合。格罗宁根大学神学院认为上帝通过人们的心灵与之对话，人对自然之体验正是与上帝沟通的一种方式，教会的作用不是一味灌输，而是鼓励和帮助其在道德上对人的启示。在十九世纪初浪漫主义作品的熏陶下,在法国大革命的余波与它带来的反宗教影响下,这种主张已经取得了一定的进步。对于多鲁斯来说,与其阔步向前,不如原地踏步,维系其"社会栋梁"之角色(引用荷兰语的表达方式,即十九世纪荷兰王国这座摩天大厦的组成部分)。他一面向新教徒中穷困潦倒或疾病缠身的穷苦农民伸出援助之手,一面对达官贵族毕恭毕敬。这位牧师的野心和他的体形一样中规中矩。对他来说,这一生也就如此了,在布拉班特这块穷乡僻壤,任劳任怨地工作一辈子。

多鲁斯子承父业,于1849年接手了津德尔特的神职工作。但实际上,梵高家族一直都认为自己非平庸之辈,就像文森特的嫂子约翰娜"乔"·邦格在回忆录中写到的:他们自认为"在国内外都享有尊贵的地位"。在荷兰,梵高一家在宗教职责和世俗成就上的建树可谓并驾齐驱。多鲁斯的几个哥哥中有两位都在军队工作,其中一位叫"扬"的还当上了海军上将,而另外三位哥哥都从了商。亨德里克"海因"·梵高在鹿特丹港市开了一家书店,科内利斯"科尔"·梵高在阿姆斯特丹也经营着一家书店,但他们中运气最好的非文森特"森特"·梵高莫属,海因最后也投奔了他。

"森特叔叔"正赶上中世纪欧洲经济繁荣的好时候,靠卖画发了家。钢板雕刻品与凹版印刷工艺品给他位于海牙的百货公司带来巨大收入,这些艺术品包括历史、宗教、自然风景等主题，有的刻着玲珑可爱的小孩子或动物，任何主题只要能让一间住所看起来熠熠生辉，便都囊括其中。除了有大批的画匠帮他搜罗两个世纪以前荷兰文艺"黄金时期"的 *fijnschilderij* 风格（即细致的自然主义风格）的图画，他还会从国外的画廊和学院引进一些作品。他对于图画生意的禀异天赋引起了巴黎的大行家阿道夫·古皮的关注，后者随即邀他入伙。从 1861 年开始，森特成为了古皮和谢公司的初级合伙人，他不仅在巴黎拥有一处住所，在位于布拉班特的他父亲曾经布道的布雷达小镇郊外还自建了一座宅邸。自此，他的经济实力和社会地位都进入稳步上升的阶段。

森特和比他稍小的弟弟多鲁斯，一个是举足轻重的书画商，一个是博爱虔诚的乡村牧师；一个拥有上千张画，一个拥有上帝的话语。完全不搭调的两兄弟却还多了一层姻娌关系。多鲁斯于 1851 年迎娶了安娜·卡本特斯，而森特早他一年娶了安娜的姐姐科尔内利娅。两家门当户对的社会地位也促成了这两门婚事：安娜和科尔内利娅的父亲威廉在海牙经营着颇具影响力的书籍装帧生意。卡本特斯家的人虔诚且勤奋务实，尤其是妹妹安娜，乔·邦格盛赞她有着"坚不可摧的坚强意志"。然而，这一家人却饱受精神疾病的折磨。安娜和科尔内利娅的七个姊妹中有一位患有癫痫病，另外一位无故自杀了，而他们的父亲威廉也在天命之年因"精神疾病"去世。

森特和科尔内利娅膝下无子。多鲁斯和安娜的长子叫文森特，事实上，有两个叫文森特的长子。第一个生下来就夭折了。这个孩子的墓碑让如今到荷兰津德尔特归正教会拜访的人感到迷惑。而另外一个，于次年同日，也就是1853年3月30日出生，并于三十七年后葬于法国。

2

田地里的甲虫、树上的鸟儿、藏在树枝里的鸟巢、书上的故事，都成了梵高家孩子儿时的玩伴。年龄稍小的几个孩子安娜、提奥、莱斯，偶尔会带上威廉明娜，也叫"维尔"，一起在花园里嬉闹。那时候文森特九岁，而最小的科内利斯"科尔"五年后才出生。每年除了几个孩子的生日，最令人兴奋的日子便是圣诞节了，圣诞冷杉树和狄更斯的小说令圣诞节格外神圣。当然这样的节日少不了家庭成员互赠礼物的环节，有时候他们会把一些小素描作为礼物送给对方。文森特的母亲早就让孩子们学习了这项知识阶层必备的技能。晚上熄灯后，沾小提奥的光，文森特还能听到改编的冒险故事。

很快到了上学的年纪。起初，文森特在乡村里的学校上学，但一年后，多鲁斯和安娜把他接了回来，因为担心他受到同龄人的不良影响。接下来的三年，文森特都在家里接受教育，目的是为十一岁寄宿学校的生活做准备。然而不管是泽芬贝亨，还是他两年后转去的布拉班特的另外一个小镇蒂尔堡，都没有给文森特留下什么美好的回忆。当然，他的法语、英语和德语都进步不小，也加深了对欧洲文学经典的了解，但是他并没有遇到喜爱的老师，也没有交到朋友。在他之后的回忆里，他写到唯一让他印象深刻的是在泽芬贝亨时，他会"躲到操场的角落里，他们告知有人（我的父亲）在等着我"。而在蒂尔堡留下的唯一纪念就是1867年的一张合影。很容易就能在合影中找到这位十四岁的少年，他阴沉着脸，倔强地伸着脖子，身体与周围的"他们"有意地保持着一定的距离。他与周围的人越来越格格不入。1868年3月，不知什么原因，他在学年还未结束时便退学回家了。

不管子女多么顽固任性，父母必须去接纳。在《圣经·新约》的福音书的教义里没有比这点更理所当然的了。然而在梵高的家庭纪事里能发现，梵高的归来无疑给家人带来了不小的负担。这位顽固倔强的长子一开始就让人头疼——"没有比带文森特更让我应接不暇的了。"他的母亲这样说道。多鲁斯和安娜向往的自由生活又被打破了，这个男孩对父母崇尚的社交礼节极其愚钝，遇到挫败就随意撒脾气。文森特对于鸟巢和昆虫表现出极大的热情，而面对家人时，这种热情会变成激烈的争吵。起初，脾气较好的父亲对于这种粗鲁的行为都是采取宽容保守的态度。可如今这个长着一头红棕色浓发、虎背熊腰的蠢小子常常甩门而去，他到底要做什么？当然，他肯定又去野地里闲逛了。家人并不知道他什么时候会回来。和他的母亲不同，与医生等教区名流喝咖啡这种事情对文森特毫无吸引力，他更痴迷于骤雨暴雪的自然现象和黄昏日落的良辰美景。

就这样，一年多过去了，文森特的生活也应有个全新的开始。显然，他天生不是做牧师的料，但也许能在叔叔从事的行当做点什么。1869年7月，十六岁的文森特离开了津德尔特，只身前往海牙的艺术百货公司，开始了他在古皮和谢公司的学徒生涯。他在一个分公司担任助理，共有两名助理，除了帮助客人包装图画，在画廊里支挂帆布画，还负责记录库存文件。这个工作需要他对当时艺术行业的方方面面都有所了解。从销售员的角度来解释，也就是既要懂得中世纪"行吟作诗"的浪漫情怀，又要能就埃及的金字塔侃侃而谈；既能辨识腼腆扭捏的林中仙子宁芙，也能够欣赏出自巴比松画派的粗犷的荒野沼林。文森特逐渐对此驾轻就熟。他的妹妹莱斯在回忆录中写道，这位热衷于大自然的收藏家现在重新将自己定义为"摹仿大自然"的收藏家。[1]

叔叔所提拔的年轻分公司经理赫尔曼努斯·泰斯提格温文尔雅、仪表堂堂，对自己的文化素养相当自信，这让他很快成为了文森特仰慕的对象。文森特利用仅有的闲暇时光漫步在海牙冰冷古板的街道上，通过阅读浪漫主义诗

---

[1] 迪凯纳的《梵高：梵高回忆录》，第一章，注释。

歌来陶冶情操。同时，从画廊到住所的路上绕个小道便会经过一片红灯区。这个已过了青春期的少年会毫无掩饰地时常光顾此地。根据当时流行的价值观，流连于色情场所也许并不体面，但手淫却是精神的堕落。总之，妓院能够暂缓精神上的寂寞。学徒生涯已过了一年，家乡也时过境迁。归正教会把多鲁斯一家从津德尔特调到了二十英里以外的另外一个教区。背井离乡以及其他的诸多原因让文森特感到"意志消沉"，他会抽上几口烟斗来缓解情绪（"这种方法非常管用"）。

文森特对于古皮和谢公司的喜爱不亚于烟草。他在留存下来的早期书信中提到古皮和谢公司是"一家非常棒的公司"，这些书信也成了十九世纪最著名的文学档案。这些书信的收信人正是文森特的弟弟提奥，他当之无愧是这本书中的另一关键人物，因为很多迹象表明，梵高能够在绘画方面取得登峰造极的成就，这个人功不可没，然而并没有确凿的证据证明这一点。事实上，提奥保存着接下来十八年里文森特寄来的几千封书信，而文森特只保存了提奥少量的来信，这似乎对两个人的关系有所暗示。这并非说明两人之间是一种单向的情感，恰恰相反，这是一种深度的相互依赖。显然，这种依赖源于两人儿时的共处一室和如今对于绘画和阅读共同的痴迷与热爱。与文森特的愤世嫉俗不同，提奥非常勤奋务实。他举止轻柔，体形纤弱，像他父亲一样"心地善良"（莱斯的说法），并且懂得照顾他人的感受，这一点正是他的哥哥所缺少的。[1]

文森特之所以常常向提奥称赞古皮和谢公司，是因为1873年年初提奥便会追随哥哥来这个公司工作。然而两人却并未能如愿。提奥去了古皮和谢位于布鲁塞尔的分公司，而几个月后，已满二十岁的文森特从海牙被调到了伦敦。他的上司泰斯提格也许认为那个在年初所拍的照片里皱着眉头笨手笨脚的年轻人并不适合做前台的服务，而在位于伦敦开在泰晤士河沿岸的伦敦分公司，只需要应付一些贸易伙伴。文森特虽然暂时在职业生涯中遇到了挫折，但是他可以利用狄更斯之城的这段时光来扩充他的专业知识。

这个来自以巴黎为代表的欧洲艺术圈的小伙子，在赴新公司任职途中得以在巴黎逗留了几日。在这几日里，他有幸瞻仰了一直崇拜的巴比松画家的第一手作品，尤其是让·弗朗索瓦·米勒的以农夫耕田为代表的清新恬淡的作品，这对文森特毕生的作品产生了深远的影响。与法国健硕憨实的人物形象相比，英国高级维多利亚主义的审美观显得华而不实，毫无生气，这让新来乍到的未来行家十分不适应。文森特越来越觉得，约翰·埃弗里特·密莱司在湖边风景画《寒冷的十月》中所体现的忧伤与哀怨和乔治·亨利·鲍顿在盛装寓言画中所流露出的深沉与凄美才是崇高的美。英国艺术的文学品质象征着一种道德品格，

---

[1] 迪凯纳的《梵高：梵高回忆录》，第19页。

正如狄更斯作品中所宣扬的精神一样。就像作家用墨水笔描绘"画中"的风景一样,密莱司用画笔谱写如画的诗歌。这对姊妹艺术都以情感升华为目的,这和文森特父亲的神学理念观点一致。

初到伦敦的几个月,文森特在书信里提到他经常和一群热情奔放、热爱音乐的德国青年们混在一起,他们住在一所来历不明的房子里。1873年秋,他搬到布里克斯顿近郊的一所住处,又开始变得孤僻内向起来。这位年轻的诗歌爱好者出于一种不可言状的幻想,试图对新房东厄休拉·卢瓦耶(寡居的教师)和她十几岁的女儿尤金妮亚的仰慕之情深藏在内心深处,就像他曾经的其他美好情感一样。在接下来的几个月里,文森特偶尔写一些情书给曾经在荷兰时喜欢过的一位远房表姐,尽管那位表姐如今已嫁为人妻;他还会尝试性地绘制一些风景写生画寄给泰斯提格十一岁的女儿;他还试图邀请已年满十八的妹妹安娜来伦敦投靠自己,并建议她在这里找一份家庭教师的工作。文森特告诉安娜,自己和尤金妮亚早已说好要以兄妹相待,而安娜的到来也会在一定程度上让他在情感上得到平衡。与尤金妮亚的这种约定背后到底有怎样的情感纠葛,我们不得而知,唯一能想到的原因便是尤金妮亚像文森特的初恋一样,早已名花有主。然而不出所料,1874年7月,安娜来到布里克斯顿不久,纸牌屋就坍塌了。

同样,到底发生了什么我们不得而知,但是几周之后,梵高兄妹二人就搬离了住处。也许是因为雷厉风行的妹妹要求不善言辞又异想天开的哥哥和尤金妮亚一刀两断。在这期间，提奥收到了文森特的一封来信，从信中似乎可以看出，他已经选择了一种更切合实际的发泄情欲的方式："纯洁的灵魂与污浊的身体可以共存。"这种离经叛道的观点背后，是来自一位即将结束多年写作生涯的作家儒勒·米什莱的深深影响。儒勒的作品因对法国大革命的极度狂热而闻名，而他那才华横溢的散文《爱》更让文森特爱不释手，"这是一部启示录，很快就成了我的福音书。"这位精于世故却又能震撼心灵的当代圣人，用极具吸引力的巴黎现代生活方式为这个年轻人诠释了如何获得永恒的女性之爱，而这种生活远比文森特的祖国所歌颂的个人责任精彩得多。文森特所拜读的另外一位作家埃内斯特·勒南的作品中也提出了同样的观点。这位修正主义者试图揭露在虚假福音书掩盖下的"真正"耶稣。米什莱宣称，一个崇尚新信仰的全新时代即将到来。

所谓的新信仰到底是什么？由于在古皮和谢贸易中心工作，文森特经常接触到一些反映社会疾苦的作品，比如奥诺雷·杜米埃反映巴黎贫苦阶层负重生活的平版印刷，或者古斯塔夫·多雷于1872年出版的描述灰暗惨淡的伦敦反乌托邦的蚀刻版画集。多雷画中的明暗对比让伦敦廉价的房屋笼罩在夸张的阴霾下，而那里恰恰是文森特每天下班后穿过泰晤士河往南的必经之路。当然，还有更多的东西让这位孤独的他乡之客不禁反思资本主义社会重压下沉重残酷的现实生活。然而那毕竟是十九世纪七十年代，离社会主义事业的异军突起还有十年之久，而在这位年轻职员的世界里还没有什么依据让他把对社会问题的关心转化成激进的政治观点。在离开布里克斯顿后，他搬到了肯宁顿的一处住所。在离肯宁顿不远的大都会堂基督会进行的一次大型基督教运动深深地吸引了他。传教士查尔斯·司布真激昂澎湃的演讲吸引了成千的听众，他的演讲像一束直透人心的永恒之光，穿过乌烟瘴气的城市上空，普照到每一位聆听者身上。他呼吁复兴文森特所信奉的加尔文主义教义，向人们指明了清晰、确定的救恩信息。

此次布道对文森特产生了多大的影响，我们只能进行推断，因为 1874 年 8 月到 1875 年 5 月之间，文森特和家里的往来书信寥寥无几，内容也异常简短，之后他便被调到了古皮和谢位于巴黎的另外一家分公司。那段时间，他经常和安娜争吵（安娜已经在英国谋了份工作），也没少让将书信往来当成家常便饭的父母担忧。他还和伦敦的老板闹了矛盾，而这很可能就是此次人事调动的原因。不过，1875 年的夏秋两季，他又恢复了和家人的通信。这次由蒙马特的一间公寓寄出的信里记录了他的新动态。他仍然热衷于收藏米勒的平版画和让·巴蒂斯特·卡米耶·柯罗的油画，感受这些作品中的崇高情怀，它们唤醒了一种全新的情感。

在他的书信中开始出现圣经诗句和颂歌引文。他还提到了另一位城市复兴主义者欧仁·贝西耶在凯旋门西侧刚刚建好的新哥特式归正教会上所传颂的"伟大的"布道经文。贝西耶像司布真一样，直截了当地从当代的社会疾苦出发，批判性地质疑传统又傲慢的终极视域。文森特此时决定践行一种敬虔的生活方式，这得到了室友亨利·格拉德韦尔的支持。这位室友是古皮和谢公司里比文森特还小的学徒，他对基督教要旨表现出了同样的接受力。然而与这位"可敬的英国人"所建立起的兄弟情谊并不能让文森特满足。他认为还在海牙泰斯提格手下任职的提奥也有必要参与到他的文化革命中。他在信中要求提奥，必须与自己前不久才推荐给他的米什莱和勒南的离经叛道划清界限。同理，海因德里希·海涅的浪漫主义诗歌更是"非常危险的东西"。的确，两人对于艺术的高尚情怀尚且需保持一致，更不要说对于自然的情感。出于对父亲的神学思想的尊重，文森特承认对于自然之情怀并不"等同于宗教信仰"，但是"我认为二者有着紧密的联系"。

对于在古皮和谢公司总部的工作，那仅仅是工作而已："在画廊，我只需应付手头上的活儿即可，那是我们一辈子的工作。我的朋友，我需要尽全力去做吗？""不，梵高先生，您的态度有问题。作为我们尊敬的股东先生的侄子，您让我失望至极。您工作时着装邋遢，言行举止不适合接待我们的顾客。当您卖画时，那闷闷不乐的表情很容易就

暴露了您对客户品味和审美的嫌弃。如果不是考虑到您叔叔的感受,您早就被辞退了。"这段激烈的言辞引自1876年1月4日,古皮和谢巴黎分公司店长,"**但是在最忙碌的销售旺季,您整整缺勤两周,今天才出现,这是绝对不允许的。圣诞节期间的家庭团聚绝对不能成为理由。提前三个月通知您,自1876年4月起,请您另谋出路。**"

3

"当一颗苹果熟透了,要让它坠落只需一阵微风吹过",文森特用这种从没有过的布道口吻对提奥说。显然,他早就意识到自己要被辞退的命运,也许圣诞期间未经允许的探亲只是一次试探。然而苹果还远未成熟。对于这位任职七年却一无所成,渴望得到精神慰藉却无所适从的二十三岁年轻人来说,唯一可以确定的是他需要一份新工作。接下来的十三个月贫穷而迷茫。起初,因为文森特已经适应了英国的生活,习惯了充当提奥与格拉德韦尔的兄长的角色,他便申请了泰晤士河对面的一份助教的工作,开始在泰晤士河南岸最东边的拉姆斯盖特的一所男子寄宿学校就职。

然而,他发现这所学校又小又破,经营这所学校的是一个经常克扣教师工资的反复无常的吝啬鬼。两个月后,这所学校就迁到了伦敦西部的艾尔沃思。转眼到了1876年7月,文森特设法转到了艾尔沃思的另外一所学校,这所学校的校长是牧师托马斯·斯莱德-琼斯,他在克扣工资方面不比上一位雇主心慈手软,但至少他认可文森特对宗教的虔诚。然而同年圣诞,文森特归乡探亲时,多鲁斯和安娜又企图替他另作安排。考虑到文森特在书信中表现出对宗教的过分着迷——他甚至还提过想去南美洲传教,父母二人强行在多德雷赫特的一家书店为他谋了一份差事。这份不合心意的工作只让他坚持了不到五个月。五个月后,他果断地将宗教热情付诸实践。

这段坎坷的经历对文森特产生了致命的打击。先是因为他与生俱来的个性让他丢掉了铁饭碗——对于自己的个性他又能奈何?在学校任职期间,几周之后,他和提奥分享了引自圣经原文的祷告,不要做"贻羞之子"。[1]然而,时隔八个月后,在多德雷赫特的书店任职时,"所经历的一切失败"继续像"洪水猛兽"一样侵蚀着他。在这一时期,文森特过度地依赖两个习惯来疗伤——散步和写作。比如6月,文森特就职的男子寄宿学校从拉姆斯盖特搬离后,他两天内在伦敦步行七十英里。凌晨三点半,他游走在乡间的池塘边,那时"鸟儿正迎着晨曦歌唱,我继续前行,恰是散步的好时光"。同样,在伦敦逗留期间,他在寄给父母的书信中也展现了文学功底。他用旅途中的金色黄昏和拂晓时分的晨曦来类比内心中最真实的感情:"然而,我更

---

[1] 贻羞之子(disgraceful son),引自《圣经·箴言》10:5,与"智慧之子"对立。——编者注

欣赏我们分离时的灰色时光。"

他还写了一些关于伦敦的文字,偶尔会附上描绘伦敦建筑的线条生硬的轮廓图,然而与后者相比,前者要美多了。在秋雾弥漫的夜晚,夕阳的余辉渐渐退去,伦敦郊区零散的村庄里路灯初上时那"独特的美";又或是在某个夜晚,堤坝上来往的火车发出红色的灯光,马儿在山坡下的灌木丛中低头吃草——在这些文字里,我们看到了梵高的另一面,这一面既非天生性情,又未经后天雕磨。但总体来说,在那段时期,散步和写作是最重要的两件事。

文森特的宗教情感源于他对于精神慰藉的需求。周围发生的不幸对于他来说似乎是一种审美的诉求。提奥生病和其在爱情上的挫折让文森特越来越多地依赖于祷告和经文。亨利·格拉德韦尔的家族安葬他在事故中去世的姐姐,多鲁斯提到的一位老津德尔特教徒的离世,无不促使文森特采取更极端的行动——文森特用徒步去参加这些受难者葬礼的方式来表达自己的同情。由于在返乡途中要徒步穿过野草丛生的荒野,因而他会错过和死者的道别,然而这显然并不重要。死者的家人"悲痛欲绝……我非常高兴能够参与其中"。格拉德韦尔一家也一样,"往遭丧的家去,强如往宴乐的家去"。这句话引自《传道书》,而下一句经文是:"忧愁强如喜笑"。烦恼让我们更接近事物的本质,本质即真理,它可以使我们获得自由。圣保罗的"似乎忧愁，却是常常快乐的"[1] 成为了文森特新的座右铭，被他刻在了挂在他房间墙上的每一幅油画上。

有人说他古怪，也有人说他敬虔。牧师斯莱德-琼斯显然更倾向于后者，1876年10月，他让这位年轻的荷兰人在理士满卫理公会的一次集会上用英文进行了一场几近癫狂的布道演讲。部分演讲内容受两年前皇家艺术学院所展出的一件绘画作品的启发——乔治·鲍顿的《一路顺风》。这是一部温柔的史诗般的古装戏剧场景，一位身着黑衣的朝圣者在通往永恒之城的漫长而艰苦的朝圣之路上，遇到了一位天使般的女子。不管它象征着多么美好的梦想，文森特的父亲并不能体会。同年圣诞，这位长子对宗教所表现出的忧郁之情让多鲁斯非常担忧，他试图安排文森特到多德雷赫特重启商业生涯。然而，这让情况变得更糟糕了。这份对文森特来说毫无吸引力的工作，给予了他大量的时间来思考未来的方向。

4

如果文森特并非像叔叔一样善于经商，那么也许——无论他的父亲怎么想——他注定会追随父亲的脚步。在二十四岁这样的年纪，仅仅凭借当前对宗教的精神寄托，便想成为一名神职人员，这会不会太晚了？文森特的一腔热

---

[1] 引自《圣经·哥林多后书》6：10。——编者注

情扭转了整个家庭的想法，使他们支持自己这个需要一定时间来实现的新计划。最终，梵高一家决定让他先投奔居住在阿姆斯特丹时任海军上将的叔叔扬，在那里准备神职人员的资格考试。只有通过了资格考试，他才能够选修大学里的神学课程。总之，大概要六年的时间，他才能任职。于是，1877年5月起，在一位犹太学者的监督下，文森特重新拾起拉丁文、希腊文、历史和代数等这些在他十五岁时从蒂尔堡辍学而荒废的学业。

他想成为怎样的一位牧师？多鲁斯察觉到他的这位长子完全没有冷静的头脑，也缺乏生活的乐趣。而文森特却非常羡慕——事实上是嫉妒——父亲坚守信仰的耐力。"父亲能够坚守神职，坚持诵经，探望疾苦，一遍遍地抄写布道经文，他坚持行善，从不放弃"，他在写给提奥的信中说道。也许文森特可以为这个备受尊重的牧师家庭的荣耀再添一笔。十九世纪的归正教会在荷兰并不是一个保守的宗教少数派。归正教会的领导者充当着广义上的学者身份——他们不仅是宗教传道者，还是诗人、批评家，以及各行各业的评论员，他们形成一种极具凝聚力的文化景象，这和法国完全不同，法国的知识分子和神职人员历来势如水火。在阿姆斯特丹的这段时期，文森特最崇拜的布道者是牧师以利沙·劳瑞劳德。他像文学家，善于通过朴实的乡村景象把自然、艺术和宗教融为一体。"他的画朴实自然"，文森特写道，"又是如此高贵宏伟的艺术品"。

"朴实自然"地用钢笔画画的方法——去年在伦敦他已经尝试过——继续吸引着这位初学者。就任海军上将的叔叔在阿姆斯特丹的港口有一处住所，清晨的景色在那里一览无余，这为文森特练习绘画技巧提供了绝佳的视角："院子里的地面和成堆的木头都湿漉漉的，破晓的朝阳使倒映在水坑里的天空变成了金黄色。凌晨5点左右，你能看到成百名工人的小黑影成扇形散开。"画面中出现的工人的"身影"意味深长。当然，谈到绘画，就不得不谈到艺术家们所应追求的一种崇高目的——这种崇高目的的代表人物应是米勒或约瑟夫·伊斯拉埃尔斯和马泰斯·马里斯等既深刻又充满诗意的色调和谐派荷兰画家。文森特另外一位住在这里的叔叔科尔·梵高在莱兹购物街经营着一家书店。他指着法国学院派雕刻家让·莱昂·热罗姆的一尊光滑的裸体雕像，嘲弄这位自命不凡的信徒：美吗？不美？不美！"我说过我宁愿看约瑟夫或米勒笔下丑陋的女人。"唉，这样一个女人算什么，对吧？"我说过我更喜爱要么丑一点，要么老一点，要么贫穷或不如意的女人，我宁愿和这样的女人有瓜葛，她们经历过生活的洗礼，犯过错误，有过伤心往事，因而变得有思想有灵魂。"

　　当他写信给在二十英里外海牙的古皮和谢公司任职的提奥时——此时提奥的仕途正动荡不定，而文森特这边，布道练习正如火如荼地进行。他提到"上帝是存在的，他在我们父母的身边，也留意着我们。我确定他赋予我们一种使命，我们不再像从前一样完全属于自己"。这段话写于1877年5月30日。转眼到了1878年4月3日，他在信中又提到了类似的决议："我必须成为一名合格的牧师……也许这段漫长的准备对我来说是件好事。"然而，现实却是令人绝望的，实际上是毫无希望的。他所做的尝试完全不在他的能力范围之内。他之前在书信中提到过，"这繁重的课业简直是不可逾越的鸿沟，我对它完全没有兴趣。"纵使付诸悬梁刺股般的努力也无济于事，文森特根本记不住这些刻板的语言和代数。学习情况的季度评估结果证明，他成功的希望越来越渺茫。"人们有时候会有一种感觉，会问自己我是谁？我在做什么？我要到哪里去？然后就会越来越迷茫。"他在12月的信中坦言。4月的信寄出一个月后，他便彻底放弃了。

他不适合做正统的神职人员为上帝服务。学术与他无关。他最偏爱的精神启示录，托马斯·厄·肯培的《效法基督》一书中说过："停止对知识的贪婪，那其中有太多的干扰和欺骗……我对阅读和听讲许许多多的事感到疲惫；您，噢，主啊，是我拥有的一切，是我仰望的所有。"[1] 这段十五世纪的荷兰箴言，对文森特来说非常有说服力，而恰好位于阿姆斯特丹的一所法国教会正准备付诸实践。（他喜欢做一名游走于会众和宗派之间的普世传道人。）这所法

---

[1] 托马斯·厄肯培（Thomas à Kempis）的《效法基督》，乔治·斯坦诺普（George Stanhope）译（伦敦：劳特利奇出版社，1893），第5页。

国教会关注工人阶级的疾苦生活，愿意对他们伸出援助之手，通过传播福音来实现对他们的救赎。世俗的艰辛与关爱，神圣的爱与慰藉——显然，这便是文森特宗教信仰的核心。何必还要多此一举？他不想再为成为神职人员继续煎熬，只希望简简单单地做一位淳朴人民的教导者，一位穷人的传教士。他可以做一位教义老师——就像耶稣引用的比喻里那个为人所熟知的形象：一位圣言"撒种之人"。

正如其父亲所料，文森特不适合做神职人员。但这条新出路却让多鲁斯和安娜更加头疼，因为这代表了社会地位的降级。传教士无论在哪儿都不过是一个收入甚微、无足轻重的职位。因此，1878年7月，当这个让家人头疼的二十五岁长子从阿姆斯特丹回乡后（这时梵高一家已搬到布拉班特的埃腾村），多鲁斯四处奔波，寻找能帮助儿子成为正式牧师的学院。无论文森特多么期望能简单直接地从事这份工作，现实是他必须做一些准备和训练。最终父亲在布鲁塞尔为他找到了一所非常小的福音学校。然而，同年秋天，他又一次证明了与学术教诲的格格不入。他对神学课程厌恶透顶，他的一位同学回忆一次拉丁语课上的对话："梵高，这是与格还是宾格？""哼，老师，我根本不在乎！"[1] 三个月后，学校不再接受文森特：事实证明他没有学习的能力。

---

[1] 文森特·威廉·梵高《博里纳日与埃腾时期的文森特：艺术家的诞生》，（阿姆斯特丹：文森特梵高国际博物馆，1977年），第13页。

他非常绝望,绝望至极。他又像以前一样陷入了深深的自责并开始自虐。他不吃东西,睡到地板上,并且拒绝父亲的经济援助。同时,1878 年 11 月刚刚来看望过他的提奥——这位衣冠楚楚的成功人士刚刚被调到古皮和谢公司的巴黎分公司——收到了来自文森特的一封热情洋溢的感谢信。信中提到了布鲁塞尔工人阶级住宅区的傍晚——"浑身脏兮兮的"街道清洁工推着小车回到污泥处理厂旁边的库房;他们疲惫的牢骚声让他想起"某一幅铜版画",画中一匹奄奄一息的老马正在"难以名状的孤独中"死去;"我愿意和这些清洁工说说话,只要他们愿意来这长凳上坐一会……你看,当看到万物的结局和事物的极限时,我们就会想到上帝,我经常为此感到震撼,这太神奇了。"

然后,文森特谈到了布鲁塞尔的画廊之行,这无疑是两兄弟的共同话题。接着,他还在信中插入了一小幅工人咖啡馆的素描,评论道:

> 我真的应该着手把我所见到的许多事物画下来,但是鉴于我的现实水平有限,并且这会妨碍我正常的工作,最好还是不要去做了。

另外,文森特还提到他在"一本地理书"上看到的内容:在布鲁塞尔的西南部,也就是比利时和法国的交界处,住着博里纳日人,他们每天的工作"就是开采煤矿"。博里纳日人的地下工作危险而艰辛，对他们来说"白天几乎不存在"，但即便如此，他们还是怀着"积极乐观的心态"并且"将自己托付给上帝"。博里纳日成为了文森特新的目的地。"我应该到那里去传播福音。"

5

这块土地"风景如画，一切事物保持着原始风貌，一切是那样的生动鲜活"。欧洲大陆这块最辽阔的蒙斯矿区符合文森特对审美的期望。他认为这里到处可见的矿井口、矿渣堆、成群的矮茅舍和脏乱不堪的田地一定能让马泰斯·马里斯画出一幅"美作"。文森特告诉提奥，他会"画个草图让你感受一下这里"。就像阿姆斯特丹港口一样，成群的"小黑影"使这里的画面栩栩如生。这些小黑影的目的地是深邃的地下矿层，乘着让人头晕目眩的升降车可直至地下七百英里的狭窄矿区，那里是一幅宏伟华丽的背景图。"抬头望去，井口的日光和天空中的星星一样大。"下降时的恐惧久久不能退去，但"这情有可原"，文森特解释道。不过"他们已经习惯了"。他们必须接受这份危险却收入微薄的工作，为我们提供"生活中最重要的矿物质"。在瓦姆的矿井区，也就是他现在居住的地方，一位从工人中升上来的"智商超群"的包工头，使尽浑身解数舒缓了工人们的罢工情绪。（实际上，博里纳日是十九世纪工人阶层激进运动的根据地。）

对于文森特来说，他更乐意在这里充当一位新教的世俗传道人和孩童们的要理问答老师。1878 年 12 月他心血来潮地来到此地，如今已经过去六个月了。从荷兰语（或者佛兰芒语）到法语区，他不断向身负重压的博里纳日人伸出援助之手。他们是如此的"愚昧而无知"，却又那么"精明"且"勇敢"。他探望病人，照顾他们，和他们建立了紧密的关系。1879 年 4 月 17 日，他把描绘矿区的信件寄出去的第二天，附近的一处矿井就爆炸了，造成了上百人的死亡。文森特对此次灾难表现出极度的关心，他不辞劳苦地照顾伤者。他的房东太太对此并不理解：为何先生把特意给他送去的亚麻被褥撕破来给伤者包扎？"噢，埃丝特，好撒玛利亚人做了更多好事！为何不以众人所赞美的圣经故事为典范，来帮助身边的人呢？"[1] 在阿姆斯特丹期间，文森特向提奥提到过可能存在一种难以言喻的心灵体验，那体验超越宗教和艺术之上——那是每一次用希腊语说出"就是它了！"的时候所喻指的"它"。如今，献身于这崇高而伟大的黑色天堂，帮助这些无助的人，他更加坚定了这种体验的存在。

伤者犹在，他何需这一席床被或一块肥皂，又岂敢独享这一顿美餐或一间房舍？（他从埃丝特·德尼的农舍搬到

---

[1] 引自路易·皮拉德（Louis Piérard）的《梵高的悲惨生活》修订版（巴黎：科雷亚版，1939），见于梵高的书信。http://www.webexhibits.org/vangogh/letter/8/etc-143a.html.

了一间窝棚里。）同样，又何需任何华丽的装饰？

> 如果说每个教会的领袖都应该具备必不可少的演说才能，又有援助伤病的慈悲和自我牺牲的精神，能够为他们放弃夜晚的休息，甚至不惜为他们撕破自己的衣服和被褥，照此说来梵高先生是一位成功的布道者。[1]

这是六个月后宗教委员会的意见。但是比利时新教教会联合会不需要圣人。文森特不得不重新谋求新的出路。在此期间，提奥短暂地来探望过他。文森特在1879年8月11日的信中提到了此事。你必须改变你的现状，提奥在和他散步的时候对他说。你现在前途渺茫，这让父母很苦恼。（德尼夫人向文森特的父母写信告知了他们文森特目前忧虑而窘迫的生活状态。）从事一个正经职业，平版印刷、木工或是烘焙，什么都行。我恳求你回到现实世界。

文森特在信中表示极度悲痛。他承认自己无法承受一直以来给家人造成的"争吵、苦恼和悲伤"，他承认自己可能迷失了，甚至暗示自己留在博里纳日，纯粹是因为不想让家人认为他是个无用的累赘。可是，他怎么能回埃腾呢？"我真的害怕回到那里。"没隔多久，他还是回去了。事实

---

[1] 引自路易·皮拉德（Louis Piérard）的《梵高的悲惨生活》修订版（巴黎：科雷亚版，1939），见于梵高的书信。http://www.webexhibits.org/vangogh/letter/8/etc-143a.html.

证明这是个错误的决定。回到布拉班特后,他和多鲁斯大吵了一架,多鲁斯企图像提奥一样规劝文森特,但最终变成了对长子的咒骂,这让文森特久久不能释怀。

他又一次选择了一个模糊不清的职业。用他自己的话说,他在矿井区的另外一个村庄担任一位传教士的助理。他到底帮助这位弗朗克先生处理什么工作,不得而知。实际上,1879年和1880年交替之际,关于他在做什么并没有记载。在此期间,他没有写信给提奥,而他有没有接受多鲁斯寄给他用来维持生计的生活费也不得而知。也许他投入到了绘画中,年初他表达过对绘画的渴望。(几乎所有博里纳日期间的绘画作品和寄到家里的书信都丢失了。)然而,不管是绘画还是书信,又有什么关系呢?有什么必要呢?

从之后的书信里,我们可以了解到两件事。第一件是他在读埃斯库罗斯和莎士比亚的悲剧——无疑其中包括《李尔王》。无意间(或是有意?)这部戏剧成为了他的脚本。这位荒诞的流浪汉常常令博里纳日人露出惊愕的目光——他有时赤裸着脚走路,有时在茅舍里自言自语,有时为毛毛虫的安全表示担忧,有时衣不裹体地在暴雨天中出行(从而可以见证"上帝的伟大")[1]——这是在演绎《李尔王》中"可怜的汤姆",被嘲笑像乡下疯子的哈姆雷特,或者是《效仿基督》里的基督。"最卑贱的乞丐,也有

---

[1] 引自路易·皮拉德的《梵高的悲惨生活》,修订版(巴黎:科雷亚版,1939),见于梵高的书信。

他的不值钱的身外之物。"他不仅将这句台词牢记于心,并且将它付诸行动。[1]

他之后回忆在此期间做的第二件事,的确很好地诠释了这句台词。不知什么原因(也许是因为工作需要),他徒步八十英里——之后又徒步造访了埃腾的老家,在埃腾逗留期间,他绝望至极的父亲试图宣布儿子精神失常,却没有成功——来到加莱海峡省的库里耶尔,这是文森特在古皮和谢工作期间所仰慕的画家朱尔·布雷东的家乡。文森特生动地演绎了一位满脚水泡的流浪汉在画室外来回徘徊却不敢敲门的画面。返回黑色之地需要三个晚上,他一晚蜷缩在雾气迷蒙的废弃车厢里,一晚睡在杂木堆里,还有一晚睡在被雨水浸湿的草堆里。画面中的这个人已经和自然融为一体。他仿佛是逃窜的老鼠,栖息的小鸟,是那个隐喻中的"它"。

---

[1] 莎士比亚的《李尔王》第Ⅱ回,第4场景,第263—4行。

2 罪人

1

提奥·梵高是父母的希望与骄傲。他们在寄往布鲁塞尔、海牙和巴黎的书信中不断地提醒这位头脑灵活又彬彬有礼,在事业上正蒸蒸日上的年轻人。他在1878年巴黎世界博览会的展位上的表现得到了公司的认可,这使他从此在这座大都市站稳了脚跟。1881年,年仅二十四岁的提奥被提拔为位于巴黎的一所分公司(巴黎共有三所分公司)的经理。

提奥在巴黎艺术商圈展现的才华恰恰反映了他的荷兰血统。"资产阶级"这个词来源于法语,它的寓意复杂。当十九世纪最激进的艺术评论家夏尔·波德莱尔讽刺资产阶级——一个西装革履的过度自信并持有右翼思想的有财产的势力群体——已然成为这个世纪的主宰者时[1],他暗示有思想的人应以一种"波西米亚人"的形式和这个阶级划

---

[1] 波德莱尔在《1846年的沙龙》(1846)的开篇着重阐述了"致资产阶级"。

清界限，这种形式是一种积极正面的身份，这种身份令无产者、左翼人士、旧时所谓的"思想错误的人"和想象力以及艺术的起源勾连在了一起。波德莱尔称资产阶级在心理上依赖它的对立面——"你可以三日不食，但不能一日无诗"[1]，即使是最有才华的诗人，如三日不食，也需要位资产阶级资助者把面包放到桌子上。而这并不意味着这两个阶级相互喜爱。相反，离相互喜爱相去甚远。

在荷兰，这种身份的对立却并不存在。像森特叔叔一样，提奥认为财产和视觉艺术相互依赖。提奥是一位成功的商人，他通过满足房主们对精致的室内装饰品的合法而高雅的需求赚得财富。顾客一定是正确的，他对每一位顾客都十分尊重。同时，既然有艺术市场，就一定有艺术家。同样，艺术家理所应当从一个不同视角看待这个世界，如果没有这种精神上的错位，哪会有精致的视觉诗歌？只要提奥能够平衡二者之间的关系，顾客和艺术家就能最终双双受益。

拿画家安东·毛弗来说，提奥知道毛弗，是因为这位年长他十九岁的前辈娶了他的表姐耶特·卡本特斯。1871年，毛弗一家居住在海牙。提奥和文森特在海牙工作期间都愿意去他家中拜访。毛弗在绘画时借鉴了米勒描绘风景画中的法国农民时所采用的挽歌式的笔法，将之应用于描

---

[1] 同上。《巴黎的艺术》重刊了该文，乔纳森·梅恩（Jonathan Mayne）编辑翻译. （伦敦：菲登出版社，1965），第41页。

绘荷兰郊区的圩田、沙丘和湿地。在毛弗典型的油画或水彩画中,裸露的地平线上会突兀地呈现一位骑士、牧羊人、犁田者或一只野兽,嵌在阴沉的天空和印着车辙的泥泞道路之间,所有的颜色在这种无声的灰蒙蒙的色调里融为一体。这种斯多葛派的诗歌作品的创作者经常陷入抑郁之中,但梵高兄弟把他尊为哲学家。他们从他这里第一次获知了不可言语的有关"它"的理念——一种超然的体验。同时,毛弗的事业正处于稳步上升的阶段。依托于古皮和谢公司的贸易关系,毛弗和所谓的"海牙学派"志同道合的同僚们——约瑟夫·伊斯拉埃尔斯、亨德里克·魏森勃鲁赫、威廉·鲁洛夫和马泰斯、雅各布、威廉·马里斯三兄弟——打开了十九世纪七十年代的国际市场,并且因灰暗色调的荷兰风景画声名鹊起。毛弗用事实证明,只要艺术家和画商足够坚韧,诗人气质不会成为世俗成功的绊脚石。

显然,和艺术家打交道,提奥很在行。他了解艺术家敏感自负的古怪性情,因为他自身就是一个非常敏感的人。虽然他的信件都丢失了,但是从哥哥与他的对话中,我们可以了解到他对于文学和绘画的热爱,似乎他还和几位收入微薄的女子有过几段感情纠葛。他的热情已然超越商业事务,他会因为上司缺乏想象力而沮丧不已:1877年有段时间,提奥与上司之间关系一度紧张,他甚至想过干脆从古皮和谢公司辞职。但是他终究还是及时调整了自己,重新回到一贯的角色:像他父亲一样做一个温顺和善的老好人，一个协调者，一个有影响力的人。

渐渐地，提奥又多了一重身份，那就是家里的供养者。多鲁斯作为乡村牧师，收入微薄。提奥的姐姐安娜虽然已于1878年风光出嫁，但是莱斯、维尔和科尔还没能自立。提奥在古皮和谢公司的收入一边要补贴家用，一边又要养活自己的几位情人，这两项开销已经让他捉襟见肘，除此之外，他还要解决家里这位更加棘手的"大麻烦"，谁让他是文森特曾经的知己呢！1879年7月，提奥规劝文森特未果之后，收到文森特一封悲痛欲绝的回信。自此之后，两人之间就没再通信了。直到次年3月，提奥寄钱到埃腾给当时回家探亲的哥哥。从此提奥都会按时寄钱回来。文森特为了躲避想让他宣布精神失常的多鲁斯，匆匆回到了矿区。之后的三个月又音讯全无。

终于，1880年7月末，提奥位于巴黎雅致的第九区的公寓收到了一封来信。文森特"不情愿地"决定消除两人之间的长久以来的间隙，并特意来信感谢提奥的经济援助。文森特为何现在才表示感谢呢？这封信就像是文森特在长达数月的痛苦反思后所寻求的临界点。他希望能在这封信中寻找自认为的外表——一位衣衫褴褛、精神错乱又"满怀热忱"的、"无用的、满怀疑虑的"流浪汉——与专注于绘画、传道和阅读的内心世界之间的平衡。他似乎并不能看到未来的方向——"未来并不乐观"，他写道，但是，他相信所有精神上的躁动一定意味着什么，一定能凝聚到一起，就像所有高级的事物——伦勃朗的画、福音和莎士比亚的作品——若经仔细推敲，都指向上帝一样。可是，"难道我所经历的磨难不过如此了吗？我还能做些什么？我如何才能成为一个有用的人呢？"

提奥对于这次精神探讨的回复并没有保存下来，紧随其后的文森特的回信也丢失了，但是从两年后文森特的来信中可以推断当时两人之间的对话。"我记得很清楚，当时你劝我成为一名画家，我觉得不合适，并没有采纳你的意见。"提奥之所以这么说，是因为他想到文森特在前往博里纳日之前提过他"真的想开始绘画"，而在博里纳日期间又经常提到在那里完成的绘画作品。由此，他认为既然哥哥在画行一事无成，传教生涯也走到了尽头，也许他能在贸易行业的另一头崭露头角——画行的供应者。这项伟大的提议最初被这位"满怀热忱的人"拒绝了，他太专注于往树的顶端攀爬，却没有注意到果实已经在自己脚下了。

然而很快文森特的态度就发生了转变。8月末，在寄给提奥的书信中，他提到了古皮和谢公司于二十几年前出版的绘画手册。他打算按照手册上的建议，临摹绘画大师的作品，当然，他所指的大师就是米勒。他提到最近想尝试画一幅"草图"——虽然还没有动笔，但至少有这样一个"想法"——来描绘矿工们在雪天里赴工的场景。文森特终于在二十七岁这年走上了绘画之路。他抓住了人生中的这次重要机会。"只要我还能继续工作，情况就会好转。"

2

事实上,情况很快发生了好转。当初海牙时期的老板泰斯提格又出了几本绘画手册。从文森特的书信可知,他对其进行了一番深入的研究。大量的铅笔画、钢笔画和炭笔画练习(现在已经丢失)堆满了博里纳日的出租房。同年十月,文森特认为时机已经成熟,他决定前往布鲁塞尔,重新过城市生活,寻找艺术的熏陶与指导。他在那里拜访了一位古皮和谢公司的老职员,那位老职员建议他到当地的皇家艺术学院学习。这个建议显然得到了文森特的重视,但是在此期间,他仍然没有任何作品问世。而重要的是,经提奥的介绍,文森特认识了一位刚刚从巴黎搬到布鲁塞尔的年轻的荷兰学生安东·凡·拉帕德。自五年前认识亨利·格拉德韦尔以来,文森特又一次真正地感受到了什么是友谊。很快,粗野的前传道人和温文尔雅并善于交际的年轻人便一起出现在后者的工作室里练习绘画。为了进一步改变,文森特甚至给自己买了一套还不算贵的得体的二手西装——他是这样小心翼翼地向父母汇报的,他需要讨好他们,毕竟他们掌管着他的开支。不过既然文森特的生活貌似已经步入正轨,这种尴尬的境况也应有所改变。1881年4月,他得知提奥打算承担他的日常开支。

那么问题是:对于这条新出路,文森特是怎么想的?对他来说,成为画家到底意味着什么?事实上,文森特于

1880年8月向提奥提到的那幅《雪中的矿工们》，大幅面积的铅笔画被施以淡彩，诠释了这位迟到者最初的意图。这幅画的作者希望通过绘画来讲述生活的"原貌"。让艺术来诠释人们在土地上的劳作——这毫无疑问是受米勒的影响，米勒善于"唤醒人们的眼睛，使其观察大自然的栖息者"。[1] 只是在这里，米勒的理念被运用到了重工业的环境，并由一群清贫的工人们来演绎。这种概念的广度——工人们的队伍蜿蜒地出现在视野里，继而逐渐消失，融入到若隐若现的工地与煤渣堆里——的确过于宏大，但同时，作者也能通过对矿工行列两旁的荆棘丛的简单勾勒来表现一种单纯的乐趣。（十几年前，在文森特还没有开始绘画生涯之前，在他为数不多的几部作品中就有这种活泼随性的笔法。）

作为当代图文艺术的行家，文森特显然不满足于这种朴素的画法。这种一半源于记忆，一半受米勒影响的人物画法相当不可靠——他们"可能会有十厘米高"，他抱怨道——应该借鉴查尔斯·巴尔格的《绘画课》一书中所讲到的结构画法。布鲁塞尔的冬季过后，文森特画了一幅钢笔画《沼泽地》（*A Marsh*），这幅画体现了他的绘画手法的进步。他的作品不再是一种包罗万象的心理视角，而是剥开那闪烁松软的空间结构，用眼睛观察到的场景。沼泽地

---

[1] 托马斯·厄肯培的《效法基督》，第29章，注释1。

里的每一渠河道，每一股曲流都在他的笔尖的细心勾勒下清晰可见，画面上布满了精雕细琢的线条。这工笔本身就能唤起一种遐想，一种对线条艺术所特有的专注和节奏感。

描绘苏格兰沼地景色的作品《寒冷的十月》的作者密莱司（而非米勒），成为了文森特的新目标。高雅凄婉的诗作成为文森特的狂热旅程的终点。1881年6月，安东·范·拉帕德和他一起在沼泽地里写生，这对文森特来说是一种莫大的鼓励。文森特的这位年轻新伙伴有足够的自信来容忍并真正欣赏文森特的古怪想法。范·拉帕德已然适应了这位性情古怪的伙伴（他回忆文森特是一位"高雅但勤奋刻苦又极度忧郁的人"）[1]，他时而充当学生，时而是争论的伙伴，有时又成为文森特时髦的社交战利品。他们取景写生的沼泽地离埃腾只有一天的路程，这位牧师之子正在埃腾进行为期十二天的探亲。让多鲁斯和安娜高兴的是，这个害群之马竟然能带回这样一位体面的朋友。

事实上，文森特在五周前已经搬到了埃腾的牧师公馆。他在布鲁塞尔的住所和博里纳日一样拥挤，不便作画。范·拉帕德也很快会离开那座城市，搬离和文森特一起绘画的工作室。也许布拉班特能提供"足够的素材"给文森特进行绘画练习，他向提奥承诺，很快就能够靠为杂志画

---

[1] 安东·范·拉帕德（Anthon van Rappard）于1890年文森特去世时写给安娜·梵高-卡本特斯的慰问信，收集在约翰娜·梵高-邦格的未出版的回忆录里。见 www.vggallery.com/misc/archives/jo_memoir.htm。

插图谋生了。对于前两年所遭受的困境，他愿意向父母妥协。而对于多鲁斯和安娜来说，他们愿意为儿子提供一处偏房，并鼓励他开启人生新的篇章——尤其考虑到这对社交有益。

文森特可以练习的素材无疑是他所仰慕的米勒的画作，但除此之外还包括村舍、磨坊、树林和埃腾周边的低山，当然，还有牧师公馆。就像面对沼泽地时一样，面对这些素材的最大难题是如何把它们合理地安放在矩形画纸里。但重要的是，这里有他所需要的人物形象，来创作体现生活原貌的作品。万事已经俱备："他开始画播种者，既而又去一些小户人家画正在做家务的妇女。他要求人们为他摆姿势。"据当地一位叫作扬·坎的颇有前途的艺术家回忆。那个夏天，他恰巧和这位"衣着古怪"不修边幅的红发年轻人有过来往。"他们都害怕他，和他在一起并不轻松。"[1]虽然不被理解，但他在 1881 年完成的几幅人物作品都得以保留了下来。文森特试图简单地勾勒出穿着日常服饰的农民的轮廓，这些被他要求静止在那里的农民，有的在农田里挖土，有的在扫地，有的在缝补衣服。他并没有花心思去思考掩盖在衣服下面的身体。

只要他的绘画对象还在劳作，他就继续作画。在此期

---

[1] 简·本杰明·卡姆（Jan Benjamin Kam）写给艾伯特·普拉沙尔特（Albert Plasschaert），海尔蒙德，1912 年，6 月 12 日，见于"词汇索引与参考文献：文档"，梵高：书信集，梵高博物馆和惠更斯荷兰国际集团，见于 http://vangoghletters. org/vg/documentation. html.

间，他写给提奥的信异常轻松，也非常积极向上。那个夏天，一个女人的出现把他大好的心情推上了颠峰。这是一个他愿意迎娶的女人。

3

1881年8月，科尔内利娅"凯"·福斯来到了埃腾的牧师公馆。她的母亲是文森特的姨妈，父亲"施特里克叔叔"是1877年在文森特接受神职训练期间，曾试图教授他神学知识的阿姆斯特丹的牧师。那时凯的丈夫还没有去世，他是一名传教士，后来死于肺病。这位前来探亲的寡妇比文森特大七岁，带着一个八岁的孩子。从这一期间拍摄的一张照片可以看出，面对丧夫之痛，她防御心很重，并且自尊心极强。

文森特写给提奥的信中并未详细描述过凯的外貌。他未来的弟媳乔·邦格后来去拜访了凯，她在对文森特的回忆录里写道，虽然"他们一起散步，一起聊天"，凯"并没有意识到自己的美貌和凄美的忧伤给这位表兄留下的印象……'他对我的儿子非常好'，后来回忆起那段时光时她这样说道"。"沉浸在伤痛中"的凯"毫不犹豫地拒绝"了文森特的提议。[1] 是什么让文森特有胆量表白？在他后来写给提奥的信中可以得知，部分原因是因为凯是神学家的

---

[1] 以上引文出自约翰娜"乔"·邦格未出版的回忆录。

女儿。文森特认为她需要被拯救,不仅是从伤痛中,还需要从文森特所放弃的宗教狂热中被拯救出来。然而,主要原因仍然是精神慰藉。他说服自己一定要抓住机会采取行动。由此可以看出,促使文森特采取求婚行动的并非凯的姿色。

除了精神慰藉,还有权利意识。文森特当时已二十八岁,到了结婚的年龄。和其他的成年男子一样,他也有权利说"我爱"并且为之选定一个对象。他不会轻易接受这个对象回应说"不,不行,绝不"。凯回到阿姆斯特丹后,文森特不断给她写信,最后施特里克叔叔不得不写信阻止他。文森特开始纠缠提奥为他出路费,他要去阿姆斯特丹当面说服她。1881年11月,最初持中立态度的多鲁斯和安娜不得不帮助施特里克叔叔劝阻文森特,这导致他们与文森特之间又出现了新的裂痕。

文森特和多鲁斯开始了新一轮对峙。文森特认为父亲应该把他当成一个男人对待,阅读使他的视野变得更加宽阔,而这位顽固的老牧师却剥夺他爱的权利,认为他的爱"不合时宜、不体面"——这位家庭的独裁者还试图把他送进精神病院,并且当面诅咒过他。放弃托马斯·厄·肯培的《效法基督》后,文森特阅读的大量现代作品也成为两个人争吵的原因:多鲁斯认为米什莱和维克多·雨果的作品具有煽动性,而令人恼火的是,文森特偏偏认为这些平装书和圣经一样重要。这次激烈的争吵以父亲把他赶出房间结束，而文森特内心的愤怒并没有平息，他不断写信向提奥倾诉。另外一位抨击十九世纪荷兰社会自满情绪的当代本土批评家爱德华·道维斯·德克尔（也叫穆尔塔图利）的作品也很快成为了文森特的武器："也许当我们能够说出穆尔塔图利在《一个异教徒的祷告》一文中写的那句'噢！天啊，并没有上帝'时，上帝才真正地存在。"

这次争吵后，文森特很快离开了埃滕（居住在巴黎的提奥给文森特邮寄了路费，希望能够平息他和父亲之间的紧张情绪），因为他意识到：不管圣徒和神学家怎么想，自己的需求要比别人重要得多。这个发现大大地鼓舞了他。是的，他内心充满了爱，正因为内心充实，不管这些腐朽的老教徒怎么看待他，他绝不认为自己是一名无神论者。不能向任何人妥协。文森特来到了位于阿姆斯特丹皇帝运河8号的施特里克叔叔的家中——毕竟是自己的外甥，凯的父母见了他。文森特要求见凯，但做牧师的姨夫告诉他，凯一听说他来就躲起来了，并且再次正式警告文森特不要再痴心妄想。他们之间发生了激烈的争吵，最后文森特愤然离去。第二天晚上，他又回来了，但还是没有见到凯。然后发生了廉价小说里经常出现的戏剧性的一幕：文森特把手直接放到油灯上："如果不让我见她，我的手就一直放在这儿。"老牧师（或可能是他的儿子扬）赶紧把火吹灭了。可文森特内心的脚本里并没有这一幕。紧接着，扬对文森特缺少经济来源的事实进行了一番嘲讽。最终的结局是:"不,不行,绝不"还是上演了。剧终。

不,不,这样不行!戏剧怎么能没有续集?文森特接着乘车去了海牙。到了海牙之后,直奔学徒时期经常光顾的红灯区格斯特,他决定到这里弥补一下虚度的青春。和深谙世事的妓女度过一夜良宵——他认为妓女们不矫揉造作,且有一种"饱经沧桑"的美感,这让她们看起来非常有魅力——被他以最优美的现代笔法告知了身在巴黎的他唯一的忠实读者。然而,这位生活艺术家来到荷兰的首府还有另外一个目的。三个月前,也就是1881年8月末,他来拜访过安东·毛弗——家族中住得最近的一个在绘画界取得成功的模范。毛弗认为他很有潜力——也许是在他身上看到了和自己相似的忧郁——并且很认真地给他提供了一些绘画指导。文森特竭尽全力地吸收毛弗的意见,他开始尝试炭笔画,甚至突破性地尝试了水彩画。

如今已到11月末,他前来寻求毛弗的进一步支持。刚到镇上,他便去拜访了毛弗装修精美的宅邸,并在那里住了几周。在毛弗的引导下,他开始接触一个更适合他的绘画方法。他尝试了人生中的第一幅油画。在涂了底漆的画纸上涂上温暖朴素的棕黄色,能使那些静物看起来朴实,又令人身心愉悦。通过描绘闪闪发光的卷心菜的静脉或者"饱受沧桑"的土豆上挂着的泥土,他找到了从那戏剧性的一夜风流中所获得的感官愉悦。文森特激动地向提奥介绍他的导师的非凡智慧,以及听起来有些粗鲁却慷慨大方的鼓励:"我一直觉得你是个无聊的讨厌鬼,但现在发现事实并非如此。"文森特顺理成章地向出资人提议留在海牙,追随毛弗练习绘画。

同年圣诞,他固执地选择回乡探亲。自此之后,他除了留在海牙也别无其他选择了。圣诞节的清晨,他毅然拒绝和家人一起去教堂。多鲁斯简直无法再容忍:两个人又吵了起来,文森特被赶出了家门。12月29日,他搬到了离海牙市区较远的火车站旁的廉价房里。他对自己的行为也感到震惊("我是不是**太**冲动了?是不是做得**太**过分?——随它去吧")。施恩韦格位于市区边缘,当时正在发展之中。文森特接下来的二十一个月将在此度过。

4

文森特的内心正经历着新的变化。"提奥,我感到内心中正迸发一种能量",文森特在距1882年还有三周时写道,"我尽我所能来释放这种能量,让他获得自由。"文森特意识到自己还需要更多的练习,所以他决定暂时放弃油画,重新回归铅笔画和钢笔画,这次他专注于画人物,比如他会雇一位老人坐在他的新画室里织毛衣。在毛弗的指导下,他开始接受绘画初期并没有接受过的专业训练。文森特是欣赏毛弗的。他认为这位米勒的信徒既慷慨又智慧,但他们之间毕竟有着十五年的年龄差距。如今这位著名的风景画大师要求文森特练习绘画传统的石膏模型和专业的人体模特，但这位学生却固执地对此表示抗拒，认为这些东西缺乏真实性，他甚至砸碎了毛弗借给他的几尊石膏像。他更倾向于那些穿着工作服的穷人或者老人，而不是这些在毛弗介绍给他的画家俱乐部里摆着姿势的年轻貌美的裸体模特。

文森特告诉提奥，他练习人物画的终极目标并不是风景画。然而他却建了一个绘画风景画的工具——或者说请人帮他做了一个。他用提奥给他的钱请一位木工为他做了一个"视角框架"，也就是一种安放在三脚架上的网格栅窗。如果你把素描纸也分成一样的网格，那么你可以透过网格栅窗看风景，从而确定画笔的位置。这种从画册上学到的方法很快得以应用。1882 年 3 月，文森特的叔叔科尔下了一份订单：十二幅描绘海牙不同景色的画。[1] 为何这份工作并没有让文森特成为他向提奥所承诺的收入稳定的画家？那些煤气厂、荒废的房子和铁路侧后方的工厂所展现的惨淡灰暗的景色无疑是原因之一，另外要归咎于他过于生硬浓重的笔法。

居住在贫民区的文森特并不是一无所获，1882 年年初，他在画家俱乐部里认识了各种各样的画家，和他们有过短暂的接触，但很快就不欢而散。年长他四岁的乔治·

---

[1] 阿姆斯特丹的书商科内利斯·梵高（Cornelis van Gogh）上一次在本书中出现是在 1877 年文森特为成为神职人员进行训练期间。那时，他嘲笑过文森特不能欣赏学术裸体画像。

亨德里克·布赖特纳便是其中的一位，这个人对他的性情的转变产生了一定的影响。布赖特纳是一个嬉皮士。他的作品可用现代的"街头文化"来形容，他善于抓取动作，尤其是工人住宅区的动作场景。他读过埃米尔·左拉的小说，接受过法国最新文化思潮的洗礼。这位画家将这种新浪潮引入荷兰，和十九世纪八十年代的文学运动相得益彰，对于推动这场运动的作家们来说，现实主义和自然主义不再是以毛弗为代表的海牙画派所称的禁欲、田园或者社会凝聚力。

文森特跟着布赖特纳到街头取过几次景。（当文森特在大街上把他绘画时用的大家伙拉出来时，布赖特纳都会退到一旁。）4月，他完成了一幅作品《用挖掘机挖街道》。在着手画这幅作品的顶部时，他似乎使用了视角框架，但是很快，文森特挣脱了框架的局限，逐渐进入了一种完全无秩序的创作形态。斜着眼睛的挖掘工和路人，以及他在家里所练习的人物（一个老太太和一个跪在地上的女孩）被拼接到了一起。远近透视的绘画规则被他抛之脑后，他将各类城市独行者生硬地拼凑到一起，形成了一种突兀的全视角的画面。从某种意义上讲，虽然他开始如饥似渴地拜读左拉充满活力的文学作品，但他对于这种新文化浪潮的演绎要远远比布赖特纳或左拉激进得多。

事实上，生活中他同样在践行这种文化思潮。文森特当时住在格斯特往北几个街区以外的北街16号，这幅画是他透过一楼的窗户画的。在一楼的后屋住着文森特的女人,这个女人叫西恩("克拉西娜"的昵称)·霍尔妮克,她和五十三岁的妈妈、九岁的妹妹和一个四岁的女儿住在一起。西恩当时三十二岁,是家里十一个孩子中的老大。霍尔妮克在市中心活动,她的世界很狭小:做些小生意,也做临时工,有时候领取一些救济,为生计所迫,有时不得不卖身挣点小钱。文森特遇到西恩是在1月的一个晚上,他正在街道上漫无目的地游荡。当时她的状况并不好,怀有四个月的身孕。这已经是第四次怀孕了,她本来有两个儿子,都夭折了,而如今肚子里孩子的父亲也不知去向。

他用"悲伤的圣母像"来形容她的魅力。他为西恩画的画像并并未描绘她粗糙的皮肤(她得过天花),而更多的是皮肤下那庄重威严的骨架。虽然她已不再"年轻貌美",虽然她永远不及基在他心中的地位(虽然失败了,但对于追求过基这件事,他始终感到自豪),但是她性格温顺,是相互慰藉的最佳人选,更不用说她懂得如何与他相处。他用弟弟寄来的生活费帮她支付医药费,她的身体很快得到了好转,便开始认真地给他做模特。那个春天,他在写给远在巴黎的弟弟的信中——除了索要更多的生活费以及诉说与同行画家的争论——更多的是在这种放松的陪伴中所获得的前所未有的自信。

文森特越来越坚信一种属于自己的艺术形式。1882年4月完成的一幅叫作《悲伤》(*Sorrow*)的作品就是很好的证明。这幅作品是对那些画家俱乐部附庸风雅的裸体像的一个有力的反击。这幅具有英国特色的作品确定了他与众不同的立场。是的，他十几年前所热爱的伦敦的画家们的作品中"具备的文学性"。以毛弗为代表的欧洲画家们错误地将之视为批判的对象。事实上，用诗歌来表现生活自有其独特的绘画张力与"高尚之美"。这幅画中，西恩的姿势让裸体具有语言表现力，这对于文森特来说是一种突破，一种广泛意义上的信仰，这源于他个人崇高的善意：他在画纸底端附了一句出自米什莱的话——"怎么可能会有孤独的被遗弃的女人呢？"这句话恰恰代表了促使文森特拯救这位妓女的怜悯之心。

令人欣慰的是，文森特创作了很多版本，包括随后完成的一幅更具说教色彩的描绘河岸边的树木的插页。他将这幅画摆在了裸体模特的旁边。对于文森特来说，风景画和人物画一样可以表达情感目的，只不过是以另外一种形式："我想表达一种生命的抗争，这可以通过苍白瘦弱的女性身体来体现，同样也可以通过布满木瘤和结块的黑色树根来传达。"

5

5月1日这位艺术家还沉浸在"生命的抗争"的艺术冥想中，5月7日，他便回到了面目狰狞、挥舞着拳头的现实争吵中。那天他出门散步时，与毛弗巧遇。去年冬天的这位导师已经有意躲避文森特好几个月了。文森特邀请毛弗来家中参观他的新作。毛弗却拒绝了。他说我不去,我受够你了。"你性格乖戾。"毛弗(除了损失了几座石膏雕像)为何与这位昔日门徒反目?文森特敏感地怀疑——很可能他的猜想是对的——他受了泰斯提格的蛊惑。文森特最近刚刚向这位他在古皮和谢公司做学徒时所崇拜的经理提出请求,想作为初出茅庐的艺术家寻求他的支持,但这种胡搅蛮缠惹怒了泰斯提格。这位自力更生的成功人士称文森特是一个笨手笨脚的狂想家,他榨干了正派的家人,甚至听说他全然抛弃了社会的阶层礼节,竟然用弟弟挣来的干净钱养活一个妓女?

"好吧,绅士们,我要告诉你们——你们这些注重文化修养的人,"5月7日文森特对除提奥之外所有的假想敌进行反驳,他厚颜无耻地叫嚣,"二者哪个更有修养,更有同情心,更有男人气魄?抛弃一个女人还是收留一个被抛弃的女人?"然而这并没有得到提奥的理解。关于西恩一事,文森特多多少少对他有些隐瞒。而和他关系早已疏远的父母得知这件事后更加不领情。[1] 当文森特提出要增加生活费并且打算向西恩求婚时,提奥断然拒绝了。而此时的多鲁斯再一次商榷,让这位长子承认自己是一位没有自理能

---

[1] 文森特的传记作者们在叙述文森特与西恩的关系时,也并未参考他的这一观点。即使是那位似乎具有先进思想的弟妹,也保留着浓烈的阶级意识。"一位粗鄙的未受过教育的女人……操着一口浓重的乡土音,性格恶劣。"乔·邦格在描述这段经历时反复显露了这一态度。

力的病人。

提奥并没有停止对文森特的经济援助。几周之后，6月12日，多鲁斯不得不亲自到海牙的市区医院看望文森特。极具戏剧性又不出乎意料的是文森特得了淋病，正卧床不起，而此时西恩马上临产，不方便照顾他。悲痛至极的父亲陪着高烧不退的病怏怏的儿子整整待了三周，这期间文森特不得不在生殖器上插上导尿管。在此期间，文森特不能画画，只能写一些描绘画面的文字。通过病房的窗户，他所看到的屋顶、运河、码头和花园的"辉煌的"鸟瞰图在"神秘的"晨光或暮光的照射下，"展现出了勒伊斯达尔或弗美尔的作品中的光线美。"事实上，文森特卧床期间的大部分思考只是为了缓和等待西恩的煎熬。西恩每天都来看他，直到分娩才没有来。7月2日，文森特能下床去探望西恩了。他陪着难产中的西恩，直到她生下了一个男孩。

小威廉·霍尔妮克虽然和自己没有血缘关系，文森特却对其视如己出。自去年11月以来，文森特就步入了一条险峻的道路，这个新生命的到来让他在这条道路上疯狂任性地大胆前行，迷迷糊糊跌跌撞撞地来到了顶峰。他先把西恩、威廉和西恩的另外一个孩子玛丽亚安置在施恩韦格的家中——他已经在从前的住所旁找了一个更大的房子，并置办了新家具。他自己于7月2日也搬了进去。在接下来的一年里，他的生活偶尔发生一些小变化，基本进入了摇摆不定的平衡状态。1882年7月至1883年8月期间，这位城市边缘的独行者生活得异常拮据，脾气前所未有地急躁，他拉着自己的资助人弟弟在不同的艺术风格之间徘徊。

他绘画时继续使用视角框架：7月份，他在新公寓里完成了一幅描绘屋顶的水彩画，在这幅作品中，他将视角框架应用到了极致。他画了不少以他所收养的家庭为素材的写生画——比如玛丽亚跪在威廉的摇篮旁的凄婉画面——还花费大量的时间和借来的金钱雇佣社会底层人员来为他做人体模特。一位叫作阿德里亚努斯·祖德兰的靠领取抚恤金生活的老人成为了那个秋天的主角。他那强而有力的姿势，成就了一幅穿着衣服的肖像画《悲伤》——名为《疲惫》。文森特这一时期前所未有地热衷于英国风格的版画。在和范·拉帕德的书信中，他反复研究了他的大量收藏。1月，他用足足两个月的房租钱买下了《图画报》的二十一卷画册。在此期间，他还参照胡贝特·冯·赫尔科默和卢克·法尔兹等反映社会现实的高产出的艺术家的一些珍贵作品，画了几幅质朴风格的画。10月，他画了一幅描绘彩票店外黑压压的人群的水彩画，并取了一个说教性的名字《穷人与钱》。3月，他在施恩韦格的公寓被描绘成了施粥场。在11月的一段时间里，他用平版印刷技术尝试把一些画印到名片上（比如《悲伤》）。

8月初，是文森特这一年绘画最活跃的时期，提奥在此期间来看望过他。身为画商的弟弟告诉他，现在正流行油画，并给他一些钱让他购买颜料。文森特带着颜料、视角框架和几张画板坐着电车来到了斯海弗宁恩——海牙的远郊海岸。很快，他发现自己越来越享受这种欢快流畅的膏状液体，就像享受吹打在他衣服上的海风一样。他非常兴奋，突然对构成这里风景的事物产生了一种新的共鸣，这从他的一幅厚重的沙丘版画中略见一斑，这幅画不同于以往他所见过的任何一幅欧洲艺术家的作品。"我很庆幸我没有学过画画，"他很快写道，"如果学过的话，很可能就忽略了这样的景色……我不明白我自己是如何画画的，"他感到惊讶，"我发现大自然和我说了什么，它和我对话，然后我用这种速记的方式把它画出来。"

然而，因为不知如何将这种新发现转化成一种诗意的以人物为媒介的图形艺术，不到两个月，文森特就放下了画笔，直到第二年春天外出写生（一些写生风景画并未能保存下来）时才再次使用。并非是因为他的画获得了商业吸引力。提奥似乎已经习惯了哥哥聒噪的喋喋不休和心理攻击，这些对他来说已不再有说服力了，他开始怀疑文森特的画能否卖得出去。但提奥是文森特唯一的盟友。情况显而易见地变得紧张起来："如果可能，请再给我10法郎，这周就指望它了……""我答应给房东5盾钱……我希望你能寄给我，我迫切地需要这笔钱……""你看，再过几天，我就破产了……"几乎所有信件，不论长短，最后都以此来结束。所有倾诉的最终目的都是索要生活费吗？这位喋喋不休的鉴赏家,这位现代小说的评论家,难道仅仅是一个伸手乞讨的乞丐吗?

一个是商人,一个是波希米亚人,血缘关系将这两兄弟牢牢地捆绑在一起,波德莱尔也许能够理解他们的关系,但是这有悖荷兰人的常理,有悖泰斯提格的价值观——泰斯提格已经成为文森特的头号敌人,成为他所要对抗的标志。的确,文森特打破了家人一贯的信仰:

> 一个人不能为了有利于他人而存在,也不能想着一定要对他人有益——不,恰恰相反,一个人即使未能取得成功,也应感受到内在的强大力量。每个人都有使命,必须去完成它。

1882年11月末一个周一的傍晚,文森特在结束一天的版画之后如是写道。在同一封信中,他还提到正在黑暗中摸索一种不可言语的"更高层次的东西",或者从另一个层面来说,探索提奥所在的巴黎正风靡的那个"应该是被称为印象主义"的运动——对他来说仅仅是左拉的小说中提到的一种现象。每当他阅读、思考和写作的时候,西恩都会坐在火炉旁抽着烟或喝着松子酒。

文森特与西恩的美好时光随着同年冬天西恩妈妈的入住开始发生变化。种种迹象表明,西恩对他没有太多期望。她可以忍受这个每况日下的中产阶级怪人,忍受他疲惫而急躁的好心肠以及他的唠叨。（他认为西恩没有把公寓收拾干净。）然而西恩的家人却认为他是一个棘手的失败者，并指责他没有赚钱的能力。1883年的春天，当他们开始劝阻西恩继续和文森特在一起时，文森特想过带着西恩和两个孩子私奔，一起去乡下或英国生活，至少他是愿意这么做的。海牙的舆论压力压得他喘不过气，他因此选择去乡间田地里作画。而西恩与他本质上的差异——她缺少好奇心，几乎不识字——也让他感到窒息。

这个夏天，与婚姻最接近的一次机会也败给了他曾试图反抗的阶级压力。一边是来自西恩的弟弟——一个皮条客的反对，而另外一边，提奥特意于8月17日来到海牙探访，极力劝阻文森特。他带来的消息是不能再继续资助他所谓的慈善了（艺术行业的确入了低迷时期）。你必须结束在施朗韦格的这段关系。文森特愤怒、咆哮，但最终不得不妥协。"我无法确切地形容她的表情"，几天之后他写信给提奥，"那表情好像是一只羔羊想要说：既然注定要被屠宰，我便不会反抗了。"那个需要他照顾的小男孩怎么办？他会幸福吗？而这个他所资助的对象呢？（答案是：她又回到了格斯特的红灯区重操旧业，而二十一年后，她跳入斯海尔德河自杀了。）9月11日，当火车汽笛鸣起时，他不得不从车窗里把威廉递还给了西恩。

3 丧家犬

1

广袤无垠的大地似煤烟一般在苍蓝的天空下延展,"地面上附着一层腐烂的石楠丛和泥炭,显得毫无生机。"行走在这片宽广的土地上,文森特发觉所有世事的烦恼都已烟消云散。"在这里,不管多重的心事都感受不到了,眼前只这土地与天空。"文森特乘坐火车来到了荷兰东北部的德伦特省。他听说这个荷兰最贫瘠的省份是绘画者的天堂:范·拉帕德于1882年夏天来过这里,而毛弗早他一年也来过此地。文森特从他们那里获知,在此地,"真正的荒地"依然存在。而在他的故乡布拉班特,随着"土地开垦和工业化"进程,这种荒凉正在逐渐消失。德伦特有"令人振奋"的东西吸引着他,更何况这里的开支要比海牙低多了。

1883年9月11日,火车驶入霍赫芬,文森特见到了"地道的煤炭船和船员"。几天之后,当他在荒野之中的一座茅草土屋旁写生时，目睹了更"地道的"场景：一位农妇从茅屋里冲出来，用扫帚驱赶爬上屋顶啃食茅草的山羊。然而，这块在地图上几乎找不到的荒地不过是一个暂时的落脚点罢了，他的目的地是东部更加荒凉的沼泽地。10月，文森特乘船来到一个叫做新阿姆斯特丹的煤炭切割基地，并在当地的一家客栈住了下来。一个月后，在拜访了一个叫做兹韦洛的小村落之后，他欣喜若狂地在信中描述了这片永恒的黑色之地。无论是晨曦中长满苔藓的屋顶映射出的金绿色，还是黄昏中茅舍的窗子里透出来的红晕，这一天里，他见证了无与伦比的美："就像是在观赏一个展出上百幅旷世佳作的展览会。"

　　如今这位在旷野里搜罗素材的画家已不同于前两年在海牙热火朝天地练习绘画的那位社会写实主义者。那时他用钢笔、炭笔和铅笔画画，足以自信地通过人物速描来表现他所热衷的主题——日常生活。而在这里，浓重的暗色、昏暗的线条，以及粗糙而简朴的画风简直让这位创作者感到头疼。他感到的"枯燥"恰恰代表了自己当前的窘境以及失意的绘画生涯：他似乎明白为什么自己的画卖不出去了。提奥和文森特都认为，如今油画才是他的最佳选择。纵然购买颜料需要更多的补贴，但油画的画面更丰富，更具美感，也会带来更丰厚的回报。如今，文森特开始热衷于一年前在斯海弗宁恩短暂尝试过的油画，将其作为练习绘画的首选。

在斯海弗宁恩画海滩和沙丘时,文森特曾为绘画能让他如此释放自我而感到惊讶。他曾以为自己会始终专注于描绘人物,以为只能通过人体来表达自然风景的母题。(例如在《悲伤》这幅画中,树根与处于困境中的女人都直冲一个方向,这代表了"生命的抗争"。)然而,难道不能通过超越人体与人类住所之外的无垠旷野来表达这种情绪吗?文森特带着画笔一路向东,来到这片草原上寻找答案。同样,此行的目的也是重温儿时在布拉班特度过的美好时光。"在这片寂静的荒野中,我感受到了上帝在你我之上,"在他10月写给提奥的信中提道,他感觉自己找到了"祖国"。重要的是,他发现能够在精神上支撑一个人的是他对国家而非对某个城市的感情,"不管这个人是否受过良好的教育。"

在这里他完全放空了自己,达到了"别无所有"的境界。以前他总是想太多。秋雨正掠过沼地和村落,他暂时不能画画了。昏暗的光线透过阴云密布的天空,从屋顶的玻璃瓦照进文森特租来的阁楼里,打在空空的颜料盒上,看起来有些滑稽,却让他感到一种"莫名的忧伤"。当独自外出时,看到"野地里一位可怜的妇人怀里抱着一个孩子",他也会泪如雨下。其他所有来到德伦特这片"原始荒地"寻找绘画素材的画家都在夏天结束前就离开了,没有了"文明人"的陪伴,在这片阴暗而潮湿的湿地上,在这样孤独而漫长的夜晚,他只能提笔向身在巴黎的资助人倾诉与西恩和威廉的分离之痛。

10月12日,提奥的一封回信让他有了个新的想法。提奥与古皮和谢公司的上司发生了争吵,这已经不是第一次了。在这封回信(现已丢失)中,提奥更是毫不隐晦地指责他们在贸易上对他的艺术敏感性的漠视,并且提到有去美国的打算。文森特终于有了个为弟弟排忧解难的机会。他告诉提奥,实际上他内心也是一位艺术家。提奥挥舞着画笔的样子在文森特的脑海里挥之不去,于是在接下来的几个月里,文森特都一直抓着这个话题不放。显然这个想法根本就不现实——如果提奥失业,文森特也会断了生活的来源,但这恰恰是对他的决心的考验,他会毅然接受。文森特刚刚寄出一封信邀请提奥来荒野和他一起画画,下一封信又勇敢地提出要解除弟弟的负担:"如果你想摆脱我,很好,我也会摆脱你,但是我会非常友好不失体面地摆脱你。"11月13日,他甚至提出,如果弟弟向古皮和谢公司的上司妥协或继续留在那儿,他——文森特将会主动拒绝提奥的任何援助。

然而,就在26日寄出的下一封信中,文森特不出所料地愤然质问,为何还没有收到来自对方的汇款。由于一直未收到显然已被他激怒的弟弟的来信和惯常附在信件后的银行汇款单,文森特再一次面临破产:他的舍己为人的美梦到此为止了。当提奥来信表明他会继续留在古皮和谢公司的时候,当他在这片偏远的沼地上所追逐的理想灰飞烟灭的时候，文森特彻底崩溃了。当地人把他当作一个疯子，也许他们并没有错："除你之外，我完全与外界隔绝了，这就是为何**当我没有收到你的来信的时候几乎要疯了**"，他这样写道。这样说也许是为12月1日的态度找个借口，也许是因为他还没有消气。三天后，这两年所有的矛盾与冲突所带来的悲观与绝望彻底冲垮了他的心理防线，驱使他逃离新阿姆斯特丹偏僻的小客栈，冒着雨雪踏上了前往霍赫芬的六个小时的路程。在霍赫芬，他搭乘西去的火车，再也没有回头。[1]

2

从此，情况更加糟糕了。此时的文森特特别无去处，只能踏上返乡的旅程。然而所谓的**家乡**还依然如故吗？多鲁斯·梵高早在一年前就被派往了布拉班特偏远山区的另外一个教区尼厄嫩。当这位疲惫不堪的长子第一次敲开牧师公馆的大门时，带来了一幅生动的画面：

> 他们就像是把一只毛发脏乱的大狗领进屋内，满脸的不乐意。这只狗的爪子湿哒哒的，毛发肮脏蓬乱。他让所有人都觉得碍事。更糟糕的是，他还大声地吼叫。
>
> 总之，这是一只脏透了的动物。

---

[1] 他突然搬离客栈后，留下了一大堆油画草图。据说，其中的一些都被客栈老板的女儿拿来生火了。

文森特寄往巴黎的信里形象生动地描述了父亲面对他时所产生的生理上的恐惧。这只动物"非常暴躁",从动物学的角度讲,雄性动物的确如此。尤其是当它被逼得没有退路的时候。这位三十岁的男人此时一无所有——他没有经济来源,没有房子,没有爱人,甚至连一个说得过去的计划都没有,当然除了他自封的"画家"角色,而这在世人眼里毫无价值。他甚至放弃了想要在作品中表达的信念。所谓的"精神慰藉"和"更高层次的东西",早就和他那堆油画作品一起被抛弃在新阿姆斯特丹的小客栈里,接下来很长一段时间里都将不再被提及。

为了霸占一块地盘,文森特唯一的本能反应就是发出毫不掩饰的挑衅。他一进家门就对着父亲大喊大叫。为什么父亲没能像范·拉帕德的父亲一样给自己提供经济支持?(他才不管范·拉帕德的父亲出身贵族,而非乡村牧师。)他又旧事重提,将追求凯·福斯的失败也归咎于多鲁斯。同样,他又用法国无神论的现代作家们的高级智慧来抨击这位老牧师。提奥在信中因此指责文森特,他便控诉提奥和"梵高家族"沆瀣一气,是一个随波逐流并一心只想着赚钱的冷血商人。文森特的伎俩很快就得逞了。多鲁斯和安娜最终做出妥协,为他提供一间外室作为画室,他现在无需再为房租苦恼了,尼厄嫩暂且成为了他临时居住的狗窝。

为了置办绘画工具,文森特去了趟海牙,在那里他又见到了西恩——她现在的生活至少有了着落,靠给别人洗衣服维持生计,而非卖春。这次见面再次点燃了他心中的怒火。将他们强行分开的人不正是提奥吗?那个毫无同情人的——噢——那个狡猾的商人到底是什么用意?他凭什么不资助自己的哥哥?从巴黎寄来的钱都是出于同情吗?我的作品难道真的无足轻重,真的卖不出去吗?是时候要求提奥做点什么了!1884年1月15日,他匆匆寄出了一封信,在信中,他试图扮演一名商人的角色:

> 我有个建议。我把我的作品寄给你,你从中挑选出你中意的,但是从3月起,我会把你寄给我的钱当作是我的收入。

两天后,文森特与父亲休战了。文森特64岁的母亲安娜在结了霜的铁路站台上滑倒,伤到了股骨。医生们给她绑上绷带便让她回家休养了。文森特马上把精力转移到照顾母亲这件事上。多鲁斯很高兴地写信给提奥,告诉他文森特全身心地投入到照顾母亲的职责中,给家人做了"榜样"。文森特则在信中夸了他最喜欢的那位虽然已经二十二岁却依然和父母住在一起的妹妹维尔。(他对于另外两位时而回来居住的弟弟和妹妹则评价不高,二十五岁的莱斯写出来的东西"缺乏情感",而十七岁的弟弟科尔需要找份工作:"否则他们会出去鬼混,这群小青年。")

文森特对母亲的态度有了好转,但仍没有和他最亲的弟弟和解。在接下来的一年里，从挑起矛盾到矛盾升级，从矛盾平息到二次爆发，他和提奥的争吵就没有停止过。就像对提奥的态度一样，1884年上半年，文森特的作品风格严肃而冷峻。在尼厄嫩，五分之一的人口都在从事古老的纺织业。文森特来到这里不久就开始去拜访织布工人，并花钱或者拿值钱的咖啡换取在他们的客厅里绘画的机会。巨大的织布机、织布工和室内的空间形成鲜明对比，这显然让文森特非常着迷，但同时也增加了他绘画的难度，让他有些尴尬：他被挤到墙角，根本没有放置视角框架的空间，而当时他还依赖于视角框架。然而这些作品的构图显然突显了一种类比：画板即纺织机，绘画师对于画笔的运用即纺织工对织布机的操控，一个在织布，一个在绘画，二者都与他的画布，与他的日常工作相联系，都是在完成一件比自己本身更重要的古老工艺。[1] 他在此期间创作了十幅左右的油画，全部过于拘谨，他对这些作品并没有信心，在寄给西奥和范·拉帕德的信中几乎没有提及。逐渐地，文森特所使用的两种绘画工具——钢笔和画笔便不再有交集了。

文森特于1884年3月完成的一套精致细腻的钢笔画。对于这项摹仿工作，用语言很难精确地加以形容，这是文

---

[1] 德博拉·西尔弗曼（Debora Silverma）的文章《纺织油画：文森特·梵高笔下的劳工的宗教和社会起源》加深了我对这些油画作品的理解，这篇文章选自《重现历史：文化、政治与心智》，米切尔·S. 罗斯（Michael S. Roth 编（斯坦福，加利福尼亚州：斯坦福大学出版社，1994），137—168页。

森特有史以来最接近他所仰慕的英国文学画家（鲍顿和密莱司）的一套作品，甚至在诗意的张力上要高于他们。画这套作品的动机似乎源自法国诗人弗朗索瓦·科佩的凄美浪漫的诗集，这本诗集是从莱斯那里借来的。文森特将科佩在诗歌中所描绘的凄婉之情投射到尼厄嫩的景色中。大街上"光秃秃的树"和"凋谢的草"犹如挽歌一般反映了一位孤独的女人——寡妇的内心情感，这让文森特联想起包括和表姐凯的感情纠葛在内所有失败的恋情。她的身影逐渐退去，融入到周围的景色中，只留下离去时的无限温柔。这温柔与时下文森特对弟弟的怨恨形成鲜明对比，显得有些荒诞。

重新意识到自身的艺术价值之后，文森特气急败坏地要求提奥必须对他的作品加以重视。然而提奥并没有看到他的作品。文森特却把这些作品寄给了他尊敬的范·拉帕德。文森特此时更愿意和范·拉帕德交流。令他高兴的是，范·拉帕德得以第二次来到父母家中拜访。5月，这位三年前到埃腾拜访过文森特一家的贵族小伙子光临了位于尼厄嫩的牧师公馆。这个笨手笨脚的 *schildermenneke*（村民们都叫他"画画的小个子家伙"）陪着这位仪表大方的贵族青年游览了尼厄嫩。在这位优雅乐观的同伴的陪同下，当地的景色对文森特来说似乎变得明快了许多。从随后的一幅水磨坊的画中可以看出，他一贯使用的暗淡的色调被提亮了，画面也显得愉悦欢快。就如这幅诗歌般的作品中所显现的一样，对文森特来说，尼厄嫩这块穷乡僻壤已经无比接近"真实的布拉班特"了。

3

文森特虽然体形笨拙，但他内心的热情和深厚的文化素养却给无聊的乡村生活带来一种新鲜感。这个教区仅有的几户新教家庭中有一位善良的邻居经常来牧师公馆照顾安娜。对于玛戈·贝格曼来说，这里的乡村生活不仅无聊，甚至让她觉得窒息。过去的四十三年里，她虽家境富裕，但一直生活在占有欲极强的父权家庭，父亲去世后，受制于专横的三个姐姐。玛戈迷恋上了文森特。对文森特来说这是一种不同的体验，他自称拒绝了这位老处女极其危险的投怀送抱。

当然，文森特喜欢附近的市镇埃因霍温。他经常到一个叫作拜金斯的小店购买颜料，因此被大家认为是一位艺术大师。一位叫作安东·赫尔曼斯的退休古董商对绘画有些研究，他请文森特帮忙设计一套装饰自家住宅墙壁的方案。文森特劝说这位主顾放弃宗教画，选择风景田园画。他为这位乡下人提出六个方案，以满足一年中不同的摆放风格。由此可以看出，文森特渴望展现出不同于以往的面貌，不再是在家人面前所展现出的龇牙咧嘴怒吼着的面孔。不过，家人马上要解脱了。他从天主教堂看守人那里租来了一个新的更大工作室。此时，他至少勉强地为自己创造了一个绘画的空间。

再聊一聊这位眉眼温顺又善良绝望的中年女人。她喜欢他,他却对她没有什么感情(他向提奥描述她像一只糟糕的克雷莫纳小提琴),但是她的资产也许能救济他的绘画生涯,因此他当然会表现出一点热情……那年夏末,玛戈的姐姐们不知从哪里(此处并没有确凿的证据)得知了两个人的事。[1] 他们将文森特叫到家中对质。面对这种情况,文森特提出他会娶玛戈。而玛戈的姐姐们表示决不允许他这样做,并骂他是唯利是图的无赖。他们决定将这个可怜的受害者送走,送去乌得勒支避一避风头,也为了防止她怀上他的孩子。马车离开前,文森特和玛戈最后一次到田里散步。玛戈倒在了地上。不,她倒在了文森特的身上,并不是因为紧张而晕倒。"你吃药了?"他问道。"是的!"她应了一声。

文森特使尽浑身解数让玛戈把服进去的毒药吐了出来,他后来告诉提奥,她吃的是带有剧毒的马钱子碱。他把她送到了她弟弟那里——贝格曼家的兄弟姐妹中唯一还愿意和他交谈的人,她的弟弟把她送去埃因霍温就医,她才得以救治。随后,她去了乌得勒支。当地的流言蜚语似乎并没有传出去,不过牧师公馆的名声受到了影响,9 月 30

---

[1] 此处参考了史蒂文·奈菲(Steven Naifeh)和格雷戈里·怀特·史密斯(Gregory White Smith)在《文森特·梵高:生活》(纽约:兰登书屋,2011)一书中所提到的证据,有个别地方的解读存在差异。(译者注:此书中译本为《梵高传》,2015 年译林出版社)

日——事情发生两周后,多鲁斯在写给身在巴黎的提奥的信中提到,若"因为这件事我们与当地人的关系进一步恶化",他和安娜可能需要离开村庄,搬到别的牧师公馆。

在陀思妥耶夫斯基的《卡拉马佐夫兄弟》的开头有一段玩世不恭的旁白,讲述了一个"真实的故事",故事中一位当地的年轻女子无端地结束了一段恋情,纵身跳下"如画般美丽"的悬崖,"纯粹是为了模仿莎士比亚作品中的奥菲莉娅"。[1] 我们的故事同样如此,或者说至少发生在文森特身上的事情是这样的:因故事太长,无法追寻从何时开始出现了身体上的伤害。"至少我曾经爱过。"当几天后文森特心怀歉意地到乌得勒支去看望玛戈时,她以"一种胜利的口吻"对他说。然而文森特的这种善意并没有持续多久。文森特在 10 月 2 日写给提奥的信中试图安慰自己的良知,这位左拉作品和《包法利夫人》的读者兼改编者(他将发生在自己身上的事和《包法利夫人》做了类比)的言辞荒诞至极:

> 做一个好人——许多人认为就是**不伤害任何人**,这是个谎言,以前你也这样说过。那会让人停滞不前,成为平庸之辈。当看到一张空白的画布用一种愚钝的眼神看着你的时候,你会**不由自主地做点什么**。

---

[1] 费奥多尔·陀思妥耶夫斯基,《卡拉马佐夫兄弟》,大卫·麦克杜夫(David Mcdaff)译(企鹅出版,2003)。

画布盯着你看的眼神似乎在说**你什么都不能做**，你不知道它是多么让人麻痹。画布的眼神**是愚昧的**，它迷惑了画家，让他们自己也变得愚昧。

许多画家**害怕**空白的画布，但是空白的画布同样也**害怕**勇敢热情的画家——打破了"你不能"的魔咒的画家。

生活亦是如此。它总是给人展现**漫无目的**、令人失望气馁的空白面，这一面什么也没有，就是一张空白画布。

纵然生活如此地空虚和无意义，它是如此枯槁，但一个拥有信念、拥有能量和温暖的人，一个有想法的人绝不会屈服于它。他会向前一步，**做点什么**，抓住它，**打破它**，或者按他们所说的"**亵渎它**"。

让他们去说吧，这些冷血的神学家。

这位生活的艺术家再次发起攻击。他对冷酷懦弱的资产阶级的抨击增加了政治色彩。米什莱的作品让他对法国的激进主义空前地着迷。他把提奥想象成法国斗争的对象，而自己则是他的对立面——手拿钢枪的"革命者或反动派"，就像欧仁·德拉克鲁瓦在作品《自由引导人民》中所描述的一样。

从梦想的神坛上走下来，到乡村的小画室研究瓶瓶罐罐显得还算体面。那个秋天，文森特重新拾起三年前最初和毛弗学画期间练习的静物。他在埃因霍温开的一个小型绘画课上反复强调静物的重要性。在他当作示范的几幅画中，浓重的画笔在狭小的帆布画板上轻快地游动，笔下所勾勒出的暗红的暖色调让厨具看起来质朴至极。文森特如今更倾向于现实主义，专注于"极简的日常用品"。他在参考了范·拉帕德意见——他再次拜访了文森特——以及左拉的作品之后，发现法国的激进主义破坏了绘画艺术本身，但是以何种方式呢？"在荷兰，很难画出一幅作品来真正表达印象主义所要表达的东西。"

在乡下业余的艺术圈里，文森特也许举足轻重，但是范·拉帕德所画的反映社会现实的救济院和工人的画构图考究，更符合十九世纪八十年代左倾的审美观，而他的画很快便在国际市场上获了一些奖。文森特反思自己在专注于油画的这一年中"完全与绘画界隔绝了"，他决定要尝试铺陈的构图法。文森特借鉴了他的伙伴最近所采用的绘画方法，开始研究对头像的逐一摆放。他所要描绘的是"老布拉班特人"，他们"皮肤粗糙，面部扁平，低额厚唇"，他们"身形饱满，像极了米勒作品中的人物"。对这类画像，他简直情有独钟。他一如既往地想象着这样的作品将会有很好的市场前景。这些被作为种族样本的男男女女，都是从附近的村庄找来的。秋收已经结束，纺织品市场又陷入低迷，对他来说找人来做绘画模特便容易多了。

文森特坐在人群对面，在竖直狭窄的帆布上游刃有余地挥舞着画笔，笔尖不停地在黄褐色和淡灰色交织的底色上起起落落，时而是诱人的明色，时而是更加迷人的暗色。[1] 他将眼前的人脸解构，然后再用浓烈的色彩将其重新组合在一起，形成一堆厚重的色彩，漂浮在黑暗的背景里。最后，他会在人物的眼睛那里着上亮色，用以凸显生命力与灵魂的存在。这一天——或许一早上——的工作就结束了。这些不知名的模特，既被看作是一个种族的代表，又被看作是一个个高贵的个体，在农民盛装的服饰下是那令人钦佩的警觉与谨慎。这种警觉与谨慎在文森特随后的所有作品中都有所体现。他起初打算完成一组三十人的人脸画像，随后增加到五十个。1885 年年初，他终于实现了这个计划。他行笔更快了，更加挥洒自如，张弛有度。文森特终于不再像以前一样在画家的意图与本能的感觉之间纠结了。在这样一个安静的小地方，他比欧洲的任何同行都更加专注于油画。

每隔几个晚上，他就会在工作之余提起笔来给提奥写信，为弟弟的资助与自己的艺术之间的关系进行辩解。像他的艺术一样，文森特对于这种关系也有了更宏观的理解，他甚至对此有了几近哲学的思考。在博里纳日期间所痴迷的宗教信仰已不再是他的精神支柱，如今他更愿意用现代的因果律来进行解释，他认定是因为兄弟二人相互亏欠，因此提奥的金钱——对他的资助——是宇宙所安排的偿还

---

[1] 这些油画大小不一，但均未超过 20 英寸高。

方式。然而，他越是争辩，金钱上的资助就变得越不现实。身在巴黎的这位商人弟弟认为给哥哥一定的金钱补贴符合文化礼节，但是他没有理由为哥哥的生理需要和精神需求负责，更无需关心他"终于可以做点什么"的喜悦，以及那些"温暖的""有生命力的"作品。

金钱和艺术作品相互对立："艺术家是被资本家所抛弃的"，同样，"资本家对于艺术家也是如此"，他借鉴了一位社会理论家的言论。无论如何，在这样一个"改革与创新的新时代"，必须要挣脱资本家冰冷又"贫瘠的"精神荒原。当他于1884年12月的信中再一次反思这种关系时，似乎意志异常坚决。再见了，金钱，再见了，提奥。"我们必须断绝这种关系——**为了我们共同的利益**。"然而，14日——噢，当然了——他便又摇尾乞怜地写信给提奥：不需要太多，二十或者三十法郎就够了……"他越是挣扎着想挣脱这种关系，事实便越更加清晰地证明，这将是他一生的牢笼。

虽然文森特几度试图和家人断绝关系，但他在信中却提到"我的本分驱使我去爱我的父亲，我的弟弟——**而我也的确爱他们**。"从大量的信件中可以看出，这种说法确实有一定的真实性。抛开在写给提奥的信件里的冗长的宣泄，抛开文森特所谓的脑海里的"怒火"，在文森特的内心深处，有一种源于童年时期的对分享的渴望。当然，我们可以推断文森特即使在经历了生命历程的改变后仍然爱着他的父亲，而曾经作为一名虔诚的宗教信徒，他所表现的对上帝的仰慕之情便是这种爱的表现形式。但是我们没有确凿的证据来证明这一点。除了所有由文森特的粗鲁无礼所导致的混乱，以及大量的家庭评论，我们所能参考的只有从尼厄嫩寄出的信件里的只字片语，比如："我希望**我没有伤害任何人**，我希望爸爸没有走，希望他**就站在我面前**。"以及一些当事人的回忆，比如范·拉帕德和一位友人提到牧师公馆的餐桌上的一幕（这位友人后来在公共场合谈论过此事）：

> 午餐期间的一个神学争议：这对父子因为《登山宝训》上的一句训言争得不可开交。（纵然如今的基督教教义"冷酷无情"，文森特仍然认为教义的创始者"至高无上"。）突然，儿子怒火中烧，他站了起来，从托盘上抄起餐刀威胁一脸茫然的老父亲。[1]

多鲁斯·梵高于 1885 年 3 月 26 日去世，享年 63 岁。当晚他去另外一个村庄探访朋友，在回来的路上顶着刺骨的寒风走了五英里，刚到牧师公馆门口就中风倒下了。

---

[1] 引自约翰·德·梅斯特（Johan de Meester）1931 年的言论，记录于雅佩·W·布鲁韦（Jaap W. Brouwer），扬·劳伦斯·西思翎（Jan Laurens Siesling）和雅克·维斯（Jacques Vis）的《安东·范·拉帕德，文森特·梵高的伙伴们和与他们之间的通信：梵高的生活与作品》（阿姆斯特丹：工人新闻出版社，1974），第 189—205 页。

4

七个月后,文森特画了一幅寓意深刻的画,可以勉强看作是对其父亲的纪念。一本厚重的圣经书庄严地摊放在桌面上,立在书后面的是象征着死亡被熄灭了的蜡烛。文森特使用繁重的油墨代表《圣经》上的文字,但却写上了经文的章节标题,用以提醒读者这是《以赛亚书》关于"忧患之子"的部分。[1] 在近处的桌角,一本轻松明快的廉价小说映入眼帘。书名清晰可见,那是左拉的《生活的乐趣》。显然,左拉所崇尚的世俗主义正告别过去的宗教苦难,迈着刚劲有力的步伐呼啸着离去——似乎在说,"再见了,老家伙,我要出发了。"此时——1885 年 10 月末,文森特的确要离去了,他将会永远离开荷兰这片土地。还未等葬礼上的宾客离去,他就迫不及待地开始投入到解放思想的作品创作中。在此期间,他的作品冲破禁锢,大刀阔斧地向前迈进。

另外一幅油画作品记录了这一时期的离经叛道。他在作品中试图将宗教的死亡与新生命的降临作对比——6 月的第二周,他在写给提奥的信中用典型的布道口吻解释道。那时,他正穿过一片野草地赶往墓地,那墓地旁边是一座将要被尼厄嫩的村议会拆除的废弃的老教堂。地面上成片

---

[1] 引自《圣经·以赛亚书》53:3。——编者注

的毛茛草和天空中盘旋的白嘴鸦,与这片孕育着昔日的农民的土壤,以及布拉班特基督教的废墟形成诗歌般的对仗。这幅画成为文森特最受瞩目的作品之一。然而,文森特说教式的注释似乎有些画蛇添足,几乎分散了观赏者的注意力。他画笔下的建筑物使人产生一种独有的热情与微妙的情感,透过它的一砖一瓦可以看到一种混乱与空洞,一种空间逻辑以及瞬息即逝的时间感。

在这次愉快的夏季远足之前,文森特遇到了"让他头疼的琐事"(他将遇到的所有困难都归咎于此)。他已婚的妹妹安娜是家里的老顽固,她来尼厄嫩参加父亲的葬礼期间,坚决要求文森特搬离牧师公馆,她说如果文森特不搬走,下一个遭殃的就会是自己的母亲,就像她的父亲一样。[1] 莱斯和维尔并没有反对。文森特虽然愤愤不平,但也不得不搬出来,住进从教堂看守人那里租来的工作室。

同时,提奥在2月大方地提出要将文森特的一幅作品放到巴黎的绘画沙龙展出,这也给文森特带了不小的压力。他在取景上没有选择海牙时期所尝试的在户外劳作的工人,而是选择最近让他颇受感动的当地人。那天,他恰巧撞到德古鲁特一家在煤油灯下狼吞虎咽地吃晚饭。这家人非常大方,很乐意为他当模特,供他一遍遍地修改润色。他对于这一家人的观察最终变成了一幅112厘米宽的油画,画

---

[1] 这里将文森特引用安娜的"荒诞的斥责"和"对未来无依据的推断"翻译成白话。

布比较宽，不过仍是按照家居尺寸设计的（这幅画后来被挂在提奥家里的壁炉台上）。在绘画时，文森特将在油灯照射下的身影的明暗对比作为画面的主要构图，试图绘制一幅丰满的、清晰直观的画面。但事实上，这幅画更像是一幅拼凑在一起的拼接画，人物的面部和手被拼凑到了一起，与身体却格格不入。这幅叫作《吃土豆的人》（*The Potato Eaters*）的作品与保罗·塞尚在他的画室里正在创作的《沐浴者》相比之下显得极其拙劣。

然而，这种拙劣并非仅仅是绘画技巧上的，还包括他无法在混乱的场景中捕捉光线的明暗，这些农民本身就混乱，他们是土地，是人体形态的自然规律，这是中产阶级的观赏者在壁炉前欣赏它时所愿意相信的（他将对米勒的评价投射到这幅作品中："他笔下的农民似乎是用他们所耕种的土地画成的。"）。正因如此，在农民的土屋里亲眼见证了这一神圣时刻的绘画者却不能完全参与进来——中间的小女孩的身体将吃"土豆"的人和喝咖啡的人生硬地分开了。这幅文森特最为珍爱的作品证明了对美学纯粹的向往本身就有其独特的美学感染力，而这幅在构图上拥挤不堪甚至不协调的家居画的确让人过目难忘。

被寄到了巴黎后，这幅几乎不可能卖掉的画给提奥出了一个不小的难题。文森特满腔热情地将这幅作品的版画印刷出来，寄给了他唯一的画家朋友范·拉帕德，却也同样让后者困惑不已。这幅作品里的人物的手势过于"随便",构图更缺乏空间的合理性,这并非是范·拉帕德原本以为二人所达成共识的米勒的现实主义。"你可以做得更好。"范·拉帕德在回信中写道。

此时,双方都感到非常气愤。但是不久后,范·拉帕德便冷静下来,给文森特寄去了一幅新的作品的草图,文森特同样用学术的口吻对该作品进行了批评。至此,两个人五年的友谊结束了,双方都受到了伤害。文森特开始对巴黎产生了兴趣,他在提奥回家服丧期间就和他讨论过。随后,又在信中以亲切的口吻不停地谈论着艺术圈知名的法国画家——不仅仅是米勒,还有德拉克鲁瓦和当代以绘画农民著称的莱昂·莱尔米特。

文森特并非想去巴黎。"不,我最好留在布拉班特,这里的农民可以提供的绘画素材一辈子都画不完。"他在春天这样说道。在上个冬天画了五十个头像之后,紧接着是不成熟的人物素描《吃土豆的人》,他在夏天画了上百张农民在户外劳作的素描。在寄信前后,他开始练习用炭笔绘画乡村的男男女女挖地、收割、捆扎谷草和伐木的场景,这些穿着工作服的人物呈现出一种独特的动态。就像画废弃的教堂时一样,文森特开始更加关注静物:关注衣服的起起落落和卷积起来的褶纹是否节奏统一,是否与周围的气流相协调。1885年完成的这些素描与之前的紧凑人物画相比,在构图上更加疏朗,更加通透。文森特此时不再注重人物个体。他比任何时候都更加热烈、更加执着地希望能够在画中——通过合作,而非介入——还原农民劳作时的原貌。

为了保持这种精神,这个住在出租画室里的"画画的小个子家伙"戴上了农民的草帽,穿上了农民的木鞋,每天都开开心心地去田地或者荒野。6月的第一周,这个老少年和几个乡村小伙子一起去蹚水,一起掏鸟巢,他后来写道,"画画开始像打猎一样诱人。"文森特很有可能和《吃土豆的人》里的还未出嫁的戈尔蒂娜·德古鲁特发生了关系,至少她经常出现在文森特的画室里。所以当她在8月发现自己怀孕的时候,村民们首先怀疑的对象便是文森特(但两个人都未承认孩子是他的)。另外一个经常光顾文森特画室的人是埃因霍温制革厂的一个中年老板安东·科斯迈科斯。他在加入文森特的绘画俱乐部并了解了这位画家的古怪性情后,和文森特成为了朋友:

> 所有能挂东西或落脚的地方都放着画,有水彩画,也有用蜡笔画的……炉子周围堆着一大堆炭灰,从未动用过刷子或者擦炉粉。几张椅子的藤条椅座已经破损,厨子上放了至少三十个不同的鸟巢。还有从野地里捡回来的各种各样的苔藓和植物,一些鸟的标本,一个线轴和一台纺车,一套全套的农具,几顶破旧的无沿帽、宽边帽,粗糙的礼

帽以及兜帽，木鞋，等等……（科斯迈科斯还提到了"视角框架"）[1]

文森特开始在大量的头像和旧教堂周围加上静物或风景。1885年夏末秋初，文森特的工笔已经相当熟练并且行笔优美。他不仅能驾驭传统的画法，而且有了自己的风格，比如他画的一捆小麦，以及一系列鸟巢的特写，更不用说那幅画有圣经和左拉的油画——据他自己说，画那幅画只用了一天时间。那么，他的油画可以售卖了吗？并没有。他积极地躲避这个问题，更乐意像以往一样依靠弟弟过着清贫的日子。11月7日在他写给提奥的信中这样说道："当科斯迈科斯对刚刚完成的一幅树木画表现出极大的兴趣时，'我突然心情很好……我不能卖了这幅画。既然他那么喜欢，我就送给他了。'"（看到这里，资助了文森特五年的提奥会是什么样的心情？）

无论如何，文森特的绘画水平正在进步。幸运的科斯迈科斯收到的这幅画描绘了斑斑点点的树木在秋风中摇曳晃动，展现了一种前所未有的动态。他自己是这样描述的：那黯淡的褐色调色板"正在融化，曾经的荒凉惨淡已经消失了"。在11月完成的一幅描绘尼厄嫩郊外长满白杨树的

---

[1] 安东·科斯迈科斯（Anton Kerssemakers）写给德格尼（De Groene），埃因霍温，1912年4月14日。（约翰娜·梵高-邦格翻译，罗伯特·哈里森编辑），见于梵高的书信集。http://webexhibits.org/vangogh/letter/15/etc-435c.htm.

街道的远景画中,波光淋漓的景色铺陈更是将这种效果发挥到了极致。这幅画也是 11 月 24 日文森特永远地离开那个村庄时所携带的为数不多的几幅作品之一。

4 冒险家

1

"我并非选择成为一名冒险家,而是命运如此。"这正是1886年身在巴黎的文森特在信中描述自己生活的原话——这句话是用英文写的。那些有能力掌控自己前途的人才有选择的权利,而那些被枷锁束缚的人却只能被迫向前。三十三岁仍背井离乡的文森特把自己归于后者。那么,他的作品呢?文森特在巴黎的两年里,虽然在生活上并不如意,但在艺术上却别有一番景象。这里毕竟是十九世纪画家们追寻自由主义的理想之地。在同一封信上,文森特鹦鹉学舌般地用高级茶会上的伦敦方言说道:"在这里收获的将会是**进步**,什么是进步?那就是我更确信了。"

那么,摆在这位画家面前的选择是什么呢?一年前,他和埃因霍温的老朋友安东·科斯迈科斯去了一趟阿姆斯特丹。1885年7月,以新哥特式的富丽堂皇而著称的阿姆斯特丹国立博物馆正式建立。三个月后，文森特和科斯迈科斯一起加入了朝拜的行列，来参观新展出的展品。两年前离开海牙后，文森特就没再见过任何伟大的作品，因此当他看到伦勃朗的《犹太新娘》时如获拱璧，驻足良久，不愿离去。当科斯迈科斯最后折回来找他时，他称自己愿意用十年换取在这幅伟大的作品前坐上两周，哪怕每天啃硬面包也没关系。"那感人至深的无限柔情，超乎凡人的迷离之感"——文森特后来评价伦勃朗的这幅独一无二的作品——打破了绘画的界限，画中流露的神秘感根本无法用语言去定义。伦勃朗作品旁边的展区挂着的是弗兰斯·哈尔斯的群像：《军官的商行》。这幅作品中，"电光的两级"——橘黄色与蓝色在"醒目的黑色"与"丰盛的白色"的映衬下，产生了一种视觉上的强烈冲击，营造出一种震撼人心的世俗气势。哈尔斯的这种注重色彩和笔触的画法让文森特感受到十九世纪唯物主义作品的魅力（这对马奈也产生了很大的影响）[1]。文森特在写给提奥的信中提到，哈尔斯的作品"总是能有种世俗之感"。

继以上几位伟大的画家之后，荷兰在十八世纪经历的漫长的浪漫主义时期——没有活力的"假发时代"——并没有引起文森特的兴趣。文森特一直所崇拜的米勒引领他

---

[1]《军官的商行》是由哈尔斯于1633年起笔的，但实际上是由彼得·科德（Pieter Codde）完成的。文森特和莫奈均受到了十九世纪法国批判家迪欧菲·杜尔（Théophile Thoré）对该作品标新立异的解读的影响。

重新回归自然与内心的情感世界,而德拉克鲁瓦所刻画的人物则最大程度地影响着文森特当前的绘画风格。1885年,文森特俨然成为了一位深居简出的现代艺术发展的理论家。当提奥3月从巴黎的画行回家参加父亲的葬礼时,文森特似乎就开始展开思考。7月,当这位戴着草帽的画家对着摆好姿势的尼厄嫩农民挥汗如雨时,作为博闻多识的评论家的他,开始尝试法国的学院艺术所缺少的"现代主义的精髓——真正**在劳作**的人物近景"。(尽管见到让·奥古斯特·多米尼克·安格尔的第一手作品还是在九年前,但事实证明他对其作品的记忆非常深刻。)对他而言,所谓的"现代主义"必须是描绘体力劳动的艺术作品,而人物的身体必须表现一种内在的粗壮丰满的质感。以安格尔为代表的学院主义画家只能诠释外貌,这显然不合格。而德拉克鲁瓦则强调身体"与周围的关系,强调身体的**内核**"。

这句话很好地诠释了文森特在画《吃土豆的人》时的动机。实际上,这条规则要远远胜过学院派的完美主义(更不用说摄影艺术),"如果我笔下的人物过于**完美**,我会感到失望至极"。

事实上,德拉克鲁瓦不仅强调身体质感的重要性,他还指出绘画者如何通过颜色的运用来实现这种质感。德拉克鲁瓦和哈尔斯鼓励绘画者使用饱满的颜色来形成视觉上的强烈对比。而文森特一直所喜爱的绘画光学〔如夏尔·勃郎的《绘画设计语法》(*Grammarie des arts du dessin*)〕

恰恰能够帮助绘画者达成这种爆炸性的效果。"**颜色本身就是一种表达。**" 1885 年 10 月末，文森特写道，时值他将红色与黄色时而点触，时而涂扫在尼厄嫩的《白杨林荫道》的画布上。这幅彩色油画与人体素描有着异曲同工之妙。在画了一夏天的人像之后，基于他的最新观点，他决定开始挑战欧洲绘画的传统——裸体。

这个想法加上阿姆斯特丹的短途之旅让他感到了城市生活的精彩——他决定重启拖延已久的计划，去距离尼厄嫩二十五英里的比利时以北的港口城市安特卫普碰碰运气。那个秋天他心情大好，经过这么多年喋喋不休的倾诉，在此期间的通信中却令人意外地出现了对提奥的内疚之情，"我很可能烦到你了。"随后，厄运就追赶而至。文森特相信戈尔蒂娜·德古鲁特的孩子并不是自己的，也许戈尔蒂娜也这样认为，但是尼厄嫩的村民却不相信，至少村子里天主教神父安德烈亚斯·保韦尔斯并不相信，即便相信，由于听说过之前他和贝格曼的丑闻，又亲眼见过村里一群游手好闲的小伙子如何与这个异教徒酒鬼厮混，他还是找上门来，警告文森特离他的教民远点。文森特并没有妥协，他去镇长那里抗议，但显然，神父的警告也是镇长的意思，因此宗教神权获胜了。伐木工和农民们不能再给他当模特了。文森特偷偷告诉科斯迈科斯，作为对保韦尔斯的还击，他偷偷在镇上买了一批避孕套分给了村里的小伙子们。

文森特从此没有绘画的模特了。更糟糕的是，教堂的看守人在保韦尔斯的指使下,拒绝再续租给他。11月末,在他们用拒绝租屋逼他走之前,是时候向前看了。

2

安特卫普是彼得·保罗·鲁本斯的家乡,却也是一个随处可以见到妓女的港口城市。城市的两个面孔交替出现,模糊不清,让试图在这个大型商业中心获取一席之地的初来乍到者文森特茫然无措。展览中,与伦勃朗的伟大作品相比,鲁本斯的画显得乏善可陈,但是单从描绘女性的肉体来说,却无人能及。女性的肉体是这座港口城市里所有的酒吧和舞厅的主题,也正是文森特愿意投奔的舒适区。这里的妓女们如此性感,他爱上了她们落落大方的"妩媚与活力"。也许她们会成为他的模特,也许他会成为她们的肖像画家,或者至少是某一个人的肖像画家。他的作品重新回归到初始的主题,他再一次开始关注人体本身。在这短暂的时期,他画了几幅肖像画:三个女孩和一对上了年纪的男女,也许是他寄居的廉租房附近的邻居。他的用笔相比尼厄嫩时期,更加柔和,更加浅淡,像是在间接地向曾经住在这座城市的绘画大师致敬。

1886年年初,文森特来到安特卫普的第五周,为了应对无法驱散的贫穷的阴霾,他不得不再次厚颜无耻地威吓他的资助者:"绘画的开销像重铅一样压在我身上,但是我**必须要向前进!!!**"("我们必须共同呐喊,倘若可以的话,请和我一起呐喊"),同时他出其不意地为他们理想中的联合公司提出一个新计划:他进入安特卫普的皇家艺术学院学习,以便从裸体模特开始练习绘画。1月18日,他成为这座久负盛名的学府的学员——只是名义上而已,事实上,他加入了石膏模型素描班,而非人体油画班。然而,他很快又主动去了油画班。这位老成的学员太急于一展身手了,他急于用作品证明对这些现代学院派画家的鄙视。据一位名叫维克多·阿热曼的同窗回忆,他"欣喜若狂地"用画笔把颜料猛涂在帆布上,"颜料过于浓厚,以至于从帆布滑落到地板上。"阿热曼回忆那位"老学究"导师看到这一幕后,大声喊道:"我没有办法帮你改正这么丑陋的作品,我的孩子,赶紧回到素描班吧。"[1]

文森特显然妥协了,带着一种恶作剧的心理。然而这次自修之旅却留下了一幅著名的轻快活泼的小画像(回归到哈尔斯的风格)——嘴里叼着文森特的烟卷的骷髅。这幅画的确在这个国际化的小班级里博得一笑,但很快老师们就意识到他并不适合做这里的学生。据哈格曼回忆,当素描老师指出他对于维纳斯的石膏像的解读过于注重外在时,文森特终于爆发了。"'你显然不知道年轻妇女的身体是什么样子!**该死的!**一个女人必须有胯,有臀部,有怀

---

[1] 路易·皮耶拉尔(Louis Piérard)采访维克多·阿热曼(Victor Hageman),1941年1月,参见《边缘:梵高在安特卫普》(Les Marges; "Van Gogh in Antwerp,")梵高画廊。http://www.vggallery.com/misc/archives/hageman.htm.

孕时支撑孩子的盆骨'",哈格曼补充道,"那是梵高在安特卫普的艺术学院上的最后一节课——或者说是他给大家上的最后一节课。"[1]

同时,由于身体原因,文森特也不得不离开安特卫普。在过去的七年里——从他去博里纳日算起——他的精神状态时好时坏,他并不爱惜自己的身体,并且一直生活在紧张焦虑之中。他曾说,为了坐在伦勃朗的画前观赏,他愿意天天啃硬面包,而事实上,据见过他的人说,硬面包经常就是他的日常饮食,他经常自责至极,用硬面包惩罚自己。有时候他甚至不吃饭,而是用咖啡和烟酒来充饥。1882年因淋病而住院的经历并没有让他远离色情服务。长期的营养失调和梅毒治疗的副作用导致他时常出现胃部痉挛,牙齿也差不多掉了十颗。[2] 1886年2月,文森特开始意识到,虽然身体只是艺术的载体,但却是时候对这个载体进行一次彻底的检修了。当然,所有的费用还是由他惯常的资助者来承担。为了使一切更加合理化,他提议自己一直在信中所提到的合资公司可以精简化经营。总而言之,他留在安特卫普还能做什么?

---

[1] 同上。
[2] 据一位安特卫普的医生后来回忆,他曾经医治过文森特的梅毒病,但是1889年和1890年间并没有关于这种不可医治的疾病的病历记录。假设医生的记忆是准确的,当时病情可能已经大程度缓解。但很难据此说明,这种绝症所宣判的死刑在接下来的人生中的某个时刻影响着他的思考。

3

"他是我在巴黎的生意伙伴中最富同情心的一个","他非常有魅力",身为初级保险经理人的安德里斯·邦格向同样在阿姆斯特丹就任保险经理人的父亲这样描述提奥。[1] "德里"和提奥经常一起去听音乐会,一起参加舞会,或是坐着游船顺着塞纳河而下,随后这两个聪明的荷兰小伙子会回到提奥的位于蒙马特山脚下的小公寓里,坐在扶手椅上,就最近阅读的作品进行交流探讨。德里虽然年龄稍小,但却有着冷静的头脑,每当提奥因心灵的空虚而欲寻求身体上的满足时,他都会给出合理的建议。然而最近——1886年3月德里在写给父母的信中提道——这种状态被打乱了:"梵高的那位学画画的哥哥来了。"两个人经常在夜晚光顾当地的客栈。[2]

提奥于2月28日收到便条:"突然造访,切勿见怪。"最近在信中频频提到的夏日来访被大大地提前了。便条上还潦草地写着约提奥到卢浮宫的方形大厅欣赏《蒙娜丽莎》,以及韦罗内塞的作品,而文森特上一次见到这些作品还是在十年前。按故事发展,文森特应该是为这座城市的文化底蕴而来,其实不然。此行的主要目的是为了沾弟弟

---

[1] 安德里斯·邦格(Andries Bonger)写给他的父母,巴黎,1885年4月4日,参见梵高信件。http://www.webexhibits.org/vangogh/letter/15/etc-T42.htm.
[2] 安德里斯·邦格写给他的父母,巴黎,1886年5月17日,参见梵高信件。http://www.webexhibits.org/vangogh/letter/17/etc-462a.htm.

的光，吃饱穿暖，休养身心，顺便体验一下穿着体面的中产阶级生活。当然，同时还要继续练习石膏像和裸体画。提奥早已询问过一位叫做费尔南·科尔蒙的沙龙画家，他有一间画室，能够提供以上这些绘画用具。这位沙龙画家也很乐意借这个机会向这位年轻有为的画商卖个人情。

提奥位于二楼的小公寓里并没有足够的空间放下文森特的画架，因此科尔蒙位于克利希街往西几个路口外的画室便成了文森特的主要活动场所。这样的画室得益于逐渐瓦解的古老守旧的学术体制，为前来巴黎追寻高雅艺术的外国学生提供了绘画场所。大概有三十几个学生挨肩擦背挤在阁楼里，练习画人体模特或者石膏像，这里的模特和石膏像十分充足。科尔蒙的绘画风格更加注重轮廓，他效仿安格尔的传统画法，但下笔更轻松自由。文森特效仿科尔蒙，开始尝试规则性的线影法和擦笔法。而除了在画室画画，他还试图兑现很久以前对提奥许下的诺言：他通过招揽附近饭店和夜总会的小生意赚取生活费——写几张艺术签名，装饰一本菜单，为一本歌单画插页。

画室的核心人物是两位二十几岁的法国小伙子，一个是高大自信的路易·安克坦，另外一个是来自南方的贵族小伙子亨利·德·图鲁斯-劳特累克，后者幽默诙谐，两条腿因先天发育不良而异常短小。另外一位叫做埃米尔·贝尔纳的少年狂妄而机敏，也颇受大家关注。而这位新来的老伙计因为大胆而癫狂的绘画手法——据说他曾用炽烈的蓝色取代模特身下的浅褐色织布——而受到大家的关注与嘲弄。在社交上，文森特似乎更吸引外国的学生。很快，他就和一个美国人、一个西班牙人，更重要的是，和一个叫做约翰·彼得·罗素的风流倜傥的澳大利亚人打成一片，并与他们互换画作以示友好。罗素为他画了一幅非常逼真的肖像画。一位共同的熟人见证了他与文森特的友谊：

> （梵高）经常在说话时夹杂着荷兰语、英语和法语，说完一连串的话后，他会越过肩膀瞥你一眼，从牙齿缝里发出嘶嘶的声音。实际上，兴奋时，他几近疯狂：这一点他与罗素如出一辙。[1]

5月中旬，文森特因故来到巴黎中心的林荫大道。他已经来过几次了，并在这里随手画了一些游客的素描画。文森特从来没有亲眼见过的法国现代艺术的自命不凡的未经证实的印象派画家在这里举行第八期的联合展览。文森特赶上了印象派潮流的尾巴。参与1874年的第一次展览的两位主要画家克劳德·莫奈和皮埃尔·奥古斯特·雷诺阿的作品被安排在了6月的另外一个展览展示。埃德加·德加和卡米耶·毕沙罗的作品，虽然有忠实的学徒保罗·高

---

[1] A. S. 哈垂克（A. S. Hartrick）引自马丁·贝利（Martin Bailey），《梵高与高更回忆录：哈垂克忆事》，梵高博物馆期刊（2001）：96—105，见于 http://www.dbnl.org/tekst/_van012200101_01/_van012200101_01_0007.php.

更做帮衬,在乔治·修拉大胆激进的巨型画《大碗岛星期天的下午》(*A Sunday Afternoon on the Island of la Gande Jatte*)面前却显得黯然失色。这幅作品代表了点画派这一新审美思潮的诞生。[1] 文森特对这种新的视觉冲击持保守态度。对于现代艺术的发展方向,他自有见解。文森特更倾向于德加的以人物肖像为主的现实主义作品(至少他是一位画家,他知道"少女的身体是什么样子的,**见鬼了!**")[2],他更欣赏风景画家莫奈,他的天赋让文森特望尘莫及。当然,也有他看不上的作品。当他第一次见到印象派的作品时,他后来在写给妹妹维尔的信中提到,你会"深深地,深深地感到失望,这些画笔法粗糙,着色拙劣,简直让人不忍直视。"

噢!世人尚不知晓的有关现代艺术未来的秘密答案,就在提奥家附近的普罗旺斯路上的一个小画廊里。提奥的一位朋友在那里收藏了阿道夫·蒙蒂塞利大量的小幅油画。这位艺术家于1870年离开巴黎,回到了故乡马赛。他因多年过量饮酒而疾病缠身,1886年6月已处于弥留之际。蒙蒂塞利精于小幅油画,画风大胆激进,具有傲世轻物的独创性,又不失幽默诙谐的自我嘲弄。他的作品——主要见于插花、高雅聚会及林间野餐的主题油画——在采用传统

---

[1] 或者说是新印象主义,后期被称为分隔主义。文森特通常指的是至今为止他看到的所有类别的油画,包括修拉的印象主义。
[2] 引自路易·皮耶拉尔于1914年对维克多·阿热曼进行的采访。

画法的同时，笔法的重心全部倾注于如何将鲜艳浓重的颜料挥洒在温暖黑暗的底色里。蒙蒂塞利的高产出也许能够帮他勉强支撑酒吧的开销，却没能为他在绘画界夺得一席之地。文森特在尼厄嫩的白杨树只是牛刀小试，接下来他将追随眼前这位真正把德拉克鲁瓦的重彩张力表现得淋漓尽致的画家。

蒙蒂塞利的作品体现了他"对色彩之爱超越于对自然之爱"——文森特于去年秋季写给提奥的信中提到，这种"完全背叛现实主义"的"铤而走险"的浪漫主义，因其丰富的想象力，而应被人们接受。花瓶里的插花在蒙蒂塞利的作品里显得惟妙惟肖。这位南方画家笔下响亮的黄色、红色与白色似乎可以为真实的花朵着色一样。1886年夏，文森特对从来没有尝试过的花卉画如痴如醉。好在他如今有了自己的工作室。6月，文森特和弟弟搬到了蒙马特高地的勒皮克街，在那里租了一间位于四楼的四室公寓。在这里能够鸟瞰巴黎的商业中心，而与当下时髦的绘画主流保持一定距离并不是件坏事。他大部分的时间都在尝试用这种古怪随性的小众画法绘画花卉。闲暇时，他会带着画布来到山顶上，一方面他似乎希望能够依托当地丰富的游客资源卖出几幅画——毕竟蒙马特的风车历来是吸引巴黎游客的风景胜地，一方面是为了能够自由地思考。除了在山上画全景图，他还会来到城镇边缘的山野间散步，这正是他在海牙甚至伦敦时期所流连忘返的舒适地带。文森特强劲画笔下的《巴黎的郊区》中,若隐若现的工厂和风车以及周围荒蛮的景色,似乎是他当时状态的真实写照。

文森特已经转移了绘画的重点,人物肖像画被他抛之脑后。在科尔蒙工作室的短期练习后,他并不是一无所获,他决定在新公寓里继续实践他的绘画理论(更不用说还收获了从科尔蒙那里借来的石膏像)。虽然提奥租了更大的房子,但显然房子还没有大到能够让他和这位桀骜不驯的哥哥保持足够的距离,从而获得内心的平静。文森特"因为各种鸡毛蒜皮的小事责备他,他感到很无辜",德里在寄给家里的书信中表达了对提奥的同情,他的状态"糟糕透了"。"这个可怜的家伙",他又写道,"他最近忧心忡忡"。[1] 提奥每年 8 月例行回乡探亲,此次归乡途中他内心正盘算着两个新的计划,这让他的心情雪上加霜。第一,因为不满于古皮和谢公司(此时已更名为"布索德,瓦拉东和谢公司")的管理方式,他打算脱离几位画商叔叔的影响,在贸易上获得独立的发言权。第二,他有意在情感上寻得归宿。去年,德里把自己的妹妹乔安娜介绍给了提奥。乔安娜是那样的清新脱俗,那样博学多才,她绝对是最合适的人选,该是表白的时候了。

提奥刚刚踏上开往布鲁塞尔的火车,勒皮克街的场面就失控了。提奥去年的情妇——一位姓氏以"S"开头的巴

---

[1] 安德里斯·邦格写给他的父母,巴黎,1886 年 6 月 23 日,参见梵高信件。http://www.webexhibits.org/vangogh/letter/17/etc-462a.htm.

黎女人找上门来。提奥的态度让她悲痛至极。[1] 一贯的同情心让文森特迫不及待地请这位女士留下来，当然他还打着自己的算盘。同时，又来了另外一位不速之客，那就是德里。德里解释说提奥请他在此期间住到这里——无疑是为了监视文森特。两个互相看不顺眼的男人和一个焦虑的女人就这样住在一个屋檐下，相处了"难熬的几日"过后，开始坐到一起写信给提奥，数落他在情感上的不负责任。文森特在信中义愤填膺地指责提奥，并且提出弟弟应该把这位女士转让给自己。而一向聪明谨慎的德里（他在其他的信中提到文森特"给人一种滑稽的恶作剧的感觉"）[2]则加了几句对文森特笔下炫丽的花卉中肯的评价：

> 有些花朵颜色过浅，但我说服不了他。他总是这样反驳：但是我想拿它和这里或者那里的颜色作对比。好像我很在乎他想做什么似的。

而关于提奥想做的事情，已经被他的叔叔们驳回了，这也导致了第二个计划的失败。他回来后如何处理和"S"姓女士的纠葛，这不得而知，但可以确定的是，他对哥哥仍然束手无策。

---

1 在现有的材料中，有关此人名字的信息仅此而已。
2 安德里斯·邦格写给他的父母，巴黎，引自奈菲和怀特·史密斯的书，p. 511, n. 179。

4

对文森特来说,和弟弟挤在一个屋檐下当然有很多现实的益处,但是提奥却尽量躲着他——比如不允许他来画廊探访自己(如果他能够去提奥的工作室,那么他也许会遇到印象派大师莫奈)。1886年入秋,文森特开始物色新的灵魂伴侣。他想起了在安特卫普皇家艺术学院的几星期里,最为意气相投的,是一个来自英国的叫做霍勒斯·利文斯的学生。在写给这位伙伴的信中,他试探性地("您会记起来……")邀请这位伙伴"分享寒舍和画室",并且提到有追随蒙蒂塞利的脚步一路南下的想法。最终,这封信演变成一封孤独者尴尬而深刻的自白(似乎并没有收到回信)。他自认为正在"为生活与艺术而挣扎",而这个时期的巴黎恰恰是经历这种挣扎的地方:

> 能在别处站得住脚的人可以留在原地,而对我这样的人,铤而走险也不会有什么损失。尤其是对我来说,成为冒险家并非出于我的选择,而是命运如此。没有比待在我的家乡或是祖国更让我觉得格格不入的了。

几个月前,这位自诩弃儿的人尝试了人生中的第一幅自画像。在荷兰时,他从未认真地照过镜子,而在巴黎,他开始反复地临摹镜中的自己。他似乎在问:在别人眼中我是个什么样子？答案就是眼前这位头戴毡帽，穿着入流的男人。同时，文森特开始在自画像中尝试新的画法。蒙蒂塞利在作品中对颜色的运用对文森特的启发很大，但他仍倾向于使用暗褐色的浓重笔法——他对伦勃朗的明暗对比情有独钟，比起欢愉，他更喜欢哀伤；比起轻快，他更倾向于幽怨。这一点在这一年中他所画的许多鞋子的油画中有所体现。科尔蒙画院的一位同学回忆他在跳蚤市场买鞋具以用作绘画道具。文森特在以前的静物画中从未接触过鞋具，而如今鞋具对他来说显然和自画像同样重要。

但很快，1886年冬季，他的兴趣又发生了转移。日落后，文森特会来到山脚下的克利希大街上的铃鼓咖啡屋消遣"绿色时光"——在这里喝上一杯苦艾酒。这是一家宽敞华丽的酒吧餐厅，它的经营模式非常成功：性感的女招待吸引了不少的男性游客，附庸风雅的氛围让放荡不羁的文人流连于此，而这恰恰又能吸引城里的新潮人物。在这些放浪者的队伍里，文森特经常和图鲁斯-劳特累克一起喝上几杯，偶尔安克坦和贝尔纳也会加入。图鲁斯-劳特累克喜欢文森特不对自己的身体感到大惊小怪——"他见过更糟糕的"，他愿意听文森特滔滔不绝地谈论左拉的作品，以及博里纳日和上帝（他虔诚地称之为"耶稣"）。[1] 实际

---

[1] 这段评论或者说推测，以及"耶稣"这个词的发音参考了图鲁斯-劳特累克的朋友舍蒂·纳坦松（Thadee Natanson）的《亨利·图鲁斯-劳特累克》（日内瓦：P. 卡耶，1951），以及《图鲁斯-劳特累克：回顾》，盖尔·默里（Gale B. Murray）（纽约：休劳特莱文联合出版社，1992），第107页。

上，1887年年初，图鲁斯-劳特累克在一次座谈中画过文森特的一幅画像，当时文森特一本正经地坐在铃鼓咖啡屋的桌边，神态机警地对着另外一个人，他的下巴扬起，胸脯前倾，像是在极力地反驳着什么——这显然是艺术家之间最真挚的致敬。据图鲁斯-劳特累克的女友苏珊·瓦拉东回忆，在图鲁斯-劳特累克的工作室举办的聚会上，文森特从来没有给大家留下太多印象。即便如此，这个近在咫尺的工作室成为了文森特寻找"艺术进步"的落脚点。

这位发育不良的贵族艺术家对他的这位机警而又滑稽，谨小慎微而又富有同情心的同行的兴趣并非是单向的，他在作品中对颜色的运用和独特的绘画方法让文森特感到望尘莫及。在图鲁斯-劳特累克的作品中，他将画像用涂抹、拍打或勾勒影线的方式自然地交织在中性偏暖的背景色里，从而使画像跃然于画布之上，而画布上与之相对的橘色或者蓝色在其衬托下显得生动活泼，这几乎能与阿姆斯特丹国立博物馆里展示的哈尔斯的作品相媲美。文森特试着用这种绘画方法尝试了各种静物，以及以提奥的苏格兰画商同僚亚历山大·里德为原型的几幅肖像画。这位画商同僚在提奥位于勒皮克街的公寓里住了几个月，深深地感受到了两兄弟间的针锋相对的紧张关系。

当文森特向铃鼓咖啡屋的女主人阿戈斯蒂纳·塞加托里求爱时，他向图鲁斯-劳特累克和他的巴黎前辈们——主要是德加——又迈近了一步。四十出头的阿戈斯蒂纳·塞加托里是图鲁斯-劳特累克的模特,她经常伏在酒吧吧台后观察每一位顾客。她那蓬乱的头发、丰满的胸部和深邃的眼神让她成为了这群酒鬼们酒后的幻想。[1] 文森特仅有的几幅女性裸体画就是在这个冬天完成的:其中有两幅画了一位中年妓女卧在床上,全身一览无余,而另外一幅要含蓄一点,是一位年轻女子的背部后视图。这两位模特与阿戈斯蒂纳相去甚远,对于阿戈斯蒂纳,文森特只能靠想象力了。不过,他说服了阿戈斯蒂纳在闲暇时为他做起了模特。阿戈斯蒂纳惬意地坐在各部件勾连处都饰有"铃鼓"的桌子旁,手里夹着烟卷,桌上放着续好的啤酒(从叠放的啤酒杯垫可以看出是第二杯)。他还说服阿戈斯蒂纳把自己的画挂到咖啡屋的墙上。

不难注意到,文森特在这幅油画的最右边用干净利落的笔法潦潦草草地勾勒出一位显然是艺伎(尽管身份不明)的女子。文森特在海港城市安特卫普居住期间,接触了当时在欧洲盛行的日本文化,作为一个初来乍到的乡村画家,他很乐意追赶大都市的时尚潮流,自此,他的墙上挂满了日本的浮世绘,正如当初挂满了劣质的宗教艺术品一样。这种重要的艺术潮流已经出现了二十几年,购买者也积累了大量的经验可供分享,更重要的是,在展示蒙蒂塞利作

---

[1] 此处的描述并非出自文森特,而是出自贝尔纳:"一位漂亮至极的女人,她总能在吧台那块独属她自己的一亩三分地上,将自己健美的身材与魅力展现得淋漓尽致。"

品的画廊对面的普罗旺斯路上,有一家西格弗里德·宾名下的专业画廊,可供梵高兄弟欣赏。1887年年初,文森特挑选了一些作品装帧起来,准备拿到铃鼓咖啡屋里展览出售。然而,这种比以往更加强烈的赚钱欲望并没能为他开辟蹊径,让他得以独立于弟弟提奥。

事态发展到让提奥再也无法容忍的地步:公寓里脏乱的环境让客人望而却步,而文森特经常深更半夜从酒吧或者妓院消遣归来后,拉着一把椅子坐在提奥的床边高谈阔论,全然不顾提奥本就虚弱的身体。文森特必须得离开了。提奥在1887年3月14日写给维尔的信中写道:

> 令我感到担忧的并不是钱,而是我们已经没有了共鸣。曾经我深爱过文森特,他曾是我最好的朋友,而那个时光已经一去不复返了。对他来说,情况也许更加糟糕,因为他不会放弃任何一次机会来表达他鄙视我这件事,而我也厌恶他……似乎你可以在他身上看到两个人,一个人天赋异禀,细腻而优美;另外一个则自私自利,完全没有同情心。[1]

但很快,当提奥于4月26日再写信给维尔的时候,兄弟俩已经"和解"了。转眼到了来年春季,文森特开始到蒙马特地区和附近的街区去取景。他又朝着图鲁斯-劳特累

---

[1] 提奥写给文森特的信,1887年5月14日,巴黎。http://www.webexhibits.org/vangogh/letter/17/etc-fam-1886.htm。

克所推崇的绘画方法迈近了一步。在一幅描绘当地公园的油画中，他发现用拍笔法和影线法将颜色拍打或涂抹到画布上后，若留出亮白色背景，会让图画显得尤其光影婆娑。这幅112厘米宽的油画——迄今为止规模最为宏大的一幅画——已然超越了图鲁斯-劳特累克的绘画理论。他同时在绘画手法上尝试具有争议的点彩画。而点彩画恰恰是他的咖啡屋同伴安克坦和年轻的贝尔纳所深恶痛绝的。这幅描绘巴黎人休闲时光的油画中流露着扑朔迷离的情感，彰显着个性鲜明的爱情幻想。这幅画可以被看作是文森特与早前避免谈及的点画派大师乔治·修拉的著作《大碗岛星期天的下午》的和解。

不同于往日画静物鞋和郊区景色时所表现出的阴郁，这幅画的画风转变之大令人吃惊。从5月中旬开始，文森特每天早晨徒步一个小时，来到位于西北部塞纳河下游的偏远山村阿涅尔。蜿蜒崎岖的支流使这里成为巴黎人野餐和划船的好去处。在这里，他偶遇了保罗·西涅克，他是一位能言善道的点彩派或"新印象主义"的代言人（相比之下含蓄而严肃的点画派领袖修拉于三年前在这里完成了第一幅巨作）。

文森特于1887年夏季所画的那些描绘绿草茵茵的塞纳河岸的作品中，对这种新的绘画技巧游移不定。若能按准确的先后顺序分析这些作品，我们似乎可以从这些跃然于画布上的亮色中发现一种辩证的态度。从其中的有些作品中似乎可以找到印象派大师莫奈的影子,而就过渡空间和虚幻的质感来讲,又与西涅克的作品极其相似,同时其中部分作品似乎冲破了时空的限制,在向卓越的版画大师安藤广重的散步者和乡村闲暇时光致敬。这位日本版画大师惊为天人的取景技术在过去的十五年里对巴黎的油画产生了重大影响,同样它也影响了文森特的绘画方法。然而,文森特毕竟已经上了年纪,加上古怪的脾气和固执的性格,他不可能泯灭掉自己的个性而向任何一种风格妥协。和其他画家的户外写生相比,他的油画笔触粗硬而富有生命力。

和两年前的尼厄嫩时期一样,这位画家的内心中有一团莫名的烈火,促使他满腔热情地投入到绘画中。他将这股热情投入到更多的花卉作品中,早前的厚重颜色不见了,取而代之的是在不同颜色的对比下似火花般闪烁的笔触:蓝绿色与橘红色的对比,蓝紫色与柠檬色的对比,鲜绿色与淡紫色的对比。这种视觉上的尝试似乎得到了回报。文森特不但用这些作品取得了阿戈斯蒂纳的芳心,还说服他的情人(是否真的是他的情人有待研究)在铃鼓咖啡屋里挂满了他的作品。那个夏天,除了先前的那幅具有日本版画特色的油画,大概有二十多幅新的油画作品被挂在咖啡屋的墙面上。

不幸的是,到了7月,咖啡屋的投资人认为文森特——事实上还有阿戈斯蒂纳——是个大麻烦。阿戈斯蒂纳不得不停止为他提供各种便利,而文森特同时收到了各种警告——咖啡屋的保安拿起一只啤酒杯砸在他的脸上,他在勒皮克街的公寓中受到恐吓。文森特对此熟视无睹,(根据流传得最生动的版本)他回到咖啡厅,把墙上的一部自己的作品砸得粉碎。[1] 为了赢回阿戈斯蒂纳的芳心,他将咖啡屋里剩余的作品送给了她。不久后,为了回击两人私下里偷偷摸摸的勾当,投资人将资金转移到其他地方,咖啡屋不得不宣布破产。自此,那一摞花卉画和这个女人一起,永远地淡出了他的世界。

5

文森特气急败坏地给正在荷兰老家探亲的提奥写了一封信,在信中他语无伦次地对这件飞来横祸进行了汇报。他还顾影自怜地提到三十五岁(实际上是三十四岁)已经过了结婚生子的年龄:"我把一切归咎于这该死的油画。"然而收信人的情况并没有比他好到哪里去。提奥终于鼓起勇气向乔·邦格求婚,然而却遭到了拒绝。这位二十五岁的才女有更高的理想和追求。

但同时提奥在布索德,瓦拉东和谢公司的工作却有了新的起色。如今公司的管理层已经逐渐摆脱古皮和谢时期在审美上死气沉沉的保守主义,越来越意识到十九世纪八十年代末期的先锋派也许会有极好的市场。他们意识到精

---

[1] 此处如此标注,是因为没有现实证据证明,哪种说法更加准确。

明的顾客们越来越信奉艺术研究理论,尽管有时候那些作品看起来粗糙而晦涩难懂。三十岁的提奥不久前从竞争对手那里获得了极具商业价值的克劳德·莫奈的作品集。公司决定在画廊里腾出一部分空间供这位基层管理者展示最新的"印象主义"——或者不管这群毛头小子们怎么称呼它。毕竟提奥住在放浪不羁的蒙马特区,他知道应该指望谁,或者更准确地说,文森特知道应该指望谁,提奥这样解释道。这位游手好闲的哥哥谈起绘画发展史总能说个没完,而对绘画作品也颇有见地,也许如今他终于可以靠此自力更生了。

终于可以施展自己的才能了!为了表达对弟弟认可自己的感激之情,文森特在1887年冬纳入提奥的展区的一幅作品上,用法语写上了"赠予我的弟弟提奥"几个字(读者也许记得几乎他的所有作品实际上都归属弟弟所有)。为了更好地理解这幅画在美学风格上发生的翻天覆地的变化——两年内他改变了三四次绘画风格——我们必须从几个月前说起。

忙碌的夏天马上结束了,当文森特在阿涅尔对点彩画游移不定时,他又一次邂逅了埃米尔·贝尔纳——后者的父母在那里有一处房产。[1] 这位曾师从过科尔蒙的学生头

---

[1] 至于文森特和贝尔纳的行踪,只能在现有证据的基础上进行推测,而这些证据往往是相互矛盾的。

脑聪明，当时只有十九岁，却已经开始在绘画界的政治斗争中寻求新的立场。1887年春，点彩派最直言不讳的代表西涅克惹恼了贝尔纳和他的老朋友安克坦。入夏后，安克坦想出一个新花招，他用机械主义和科学确定性来回击西涅克所代表的红极一时的点彩派。有色玻璃可以派上用场。如果你透过有色玻璃来看你所画的画，视觉效果会更加强烈，会更容易产生一种统一的心理冲击，或者是精神上的冲击。当然，有色玻璃自古就是装饰教堂窗户的最佳选择，窗户上带黑框的小格子似乎提供给油画画家一种新的分割线条与颜色的方法。巴尔纳和安克坦还将这种格子或分隔线（后来这种画法被称为分隔主义）与日本版画里的平面颜色斑块联系起来。安克坦在一幅炙黄色的描述丰收景色的图画中证明了这种新画派的魅力[1]，而理想家贝尔纳则称这种画法能够让平庸又机械的"现实主义模仿"释放艺术的魅力。

这种新的绘画理论很快就吸引了这位蒙蒂塞利的追随者，他在尼厄嫩时期就曾宣称过**"颜色本身就是一种表达"**。对于自己研究了一整个夏天的西涅克和修拉的画法——也就是贝尔纳所抨击的点彩法，文森特用其独特的绘画方式诠释了统一的视觉冲击这一概念。在这幅送给提奥的静物画《柑橘、柠檬、梨与葡萄》中，所有的绘画对

---

[1] 虽然安克坦的油画在很大程度上影响了文森特的绘画方法，但根据此时的处境来看，临摹这种画法似乎毫无意义。

象都统一使用了同一种黄色，几乎完全没有遵循透视或明暗对比的规则（在此期间，文森特和提奥一起欣赏了瓦格纳的作品，这绝非偶然）。这位画家甚至在油画上手绘了画框，使其效果更加显著。同时，他并没有用有色的小格子在整体中创造复杂性，而是通过其独特的多重节奏的清晰线影创造一种贯穿全图的裂纹，从而产生视觉上的电流。文森特的绘画技巧日渐精进，他希望用油画改变世界——或至少从改变每个购买他的油画的家庭开始。如果您亲眼见过这幅震撼人心的前卫作品，也许会觉得这种想法并非是痴人说梦。

文森特所不能忍受的是喋喋不休的争吵。见鬼了！为什么贝尔纳不把他的作品放到展示西涅克作品的画廊里（毕竟从长远来看，分隔主义和点彩派的目标大体一致）？这是一个严重的问题，因为自从文森特当上提奥的顾问后，他便开始以画廊馆长的角度去思考问题。文森特所关心的并非是城镇中心的"林荫大道"上所展示的莫奈、毕沙罗和德加等前辈的作品，他认为自己理应代表的是"林荫小路"上的那些生活在蒙马特地区或周围还没有取得任何地位的画家。他认为只有摒弃帮派意识，团结一致，才能在绘画界引起关注。"团结就是力量"，他向贝尔纳提出主张。

文森特预言，若想取得成就，这些艺术家们应该到城外**偏远一些**的郊区去。在通往阿斯涅尔的路上有一家经济实惠广受欢迎的大型餐厅，那里门庭若市。正如当初讨好阿戈斯蒂纳一样，文森特试图用一幅过于精致的肖像画来取悦餐厅的老板——纯洁而富有感染力且华丽的丑角形象。当这幅颇受质疑的油画陈列在勒皮克街无人问津时，这位叫做艾蒂安·马丁的老板决定支持文森特和他的朋友安克坦、贝尔纳和图鲁斯-劳特累克等人，同意将艺术作品展现给普通大众。

这是一个模糊不清并且没有严格定义的概念。实际上，在安特卫普时期，酒吧间里学习绘画的学生们关于 1886 年比利时大罢工的闲聊就让文森特预感到"一个社会即将结束"，"巨大的革命"即将到来。在巴黎，除了提奥，还有一位文森特的坚强后盾，那就是参加过 1848 年法国革命的老兵朱利安·唐吉。他经营一家画具用品的小店。对于画家们，这里更像是一个慈善机构。唐吉用颜料换取他们的油画，然后将换来的油画挂到墙上。这位叫唐吉的老伙计是一位热心肠的平等主义倡导者，他所有的品质都让文森特钦慕不已。如今，文森特更愿意将早期的生活目标定义为"宗教主义和社会主义"。他和他的朋友们有志于从小处着手，"在当下这个时代，以身作则，采取行动"，为都市群众呈现视觉和精神上的积极正能量。

从任何一个角度来考量，这个提议都显得滑稽可笑。因为口角之战并未结束，这次展出并没有邀请西涅克。虽然没有点画派的作品，但这次在杜沙莱饭店举行的展览规模之大远远超出了几位策展者的预料。1887 年 11 月中旬展出的部分作品显然不够，文森特不得不从自己的画室运几车作品过去以填补空缺。马丁先生想到一个更好的主意：他用"爱国主义的盾形徽章"做点缀，来彰显现代主义画家的个性（或者是一位柯罗蒙时期的同学想到的）。[1] 据说这位东家的脾气像文森特一样糟糕，然后……就无需多做介绍了吧。然而，当两三周后，文森特推着油画顺着克利希街往回走时，他想，不管工人阶级食客们怎么想，安克坦和贝尔纳卖出了几幅画，而令人敬畏的隐士修拉也光顾展会，和大家打了招呼——文森特和提奥随后拜访了他的工作室作为回礼。更重要的是，文森特在展会上结识了在加勒比待了八个月的保罗·高更。

这位年长文森特五岁、具有部分秘鲁血统的画家很快就打动了文森特。高更于1884年辞去了股票经纪人的工作，离开了妻子和孩子，开始潜心作画。高更这一时期的作品比起印象主义要更加高雅而古怪，从中能看到毕沙罗和德加的影子，这种绘画风格并未得到巴黎人的关注。然而在1886年高更定居的布列塔尼区的蓬塔旺村，他却成为了一个绘画圈子的核心人物。但这未能满足他日渐复杂的自负之心。高更喜欢走到悬崖边，然后回头查看有没有人关注自己。他近期的加勒比之行就是这种边缘政策的实例。

---

[1] 西班牙画家安东尼奥·克里斯托瓦尔（Antonio Cristobal）的回忆录《注释和纪念品：文森特·梵高（原文如此）》，于1891年5月21日在蒙马特的一份叫作《比特》的杂志上发表。

当然，他还从那里带回了多幅描绘马提尼克"异国风情"的绚丽多彩的油画。这位有着落魄的海盗气质、自负又有见解的画家立刻激发了文森特的兴趣，他将其引荐给了提奥。提奥马上收购了高更的一些作品，并且于1887年年底成功售出一幅。这种新的生意伙伴关系更加印证了文森特作为提奥助理所取得的显著成就。

那么，文森特的主要角色又是什么呢？命运驱使着他向前，而又让他磕磕绊绊：

> 我老得越来越快了，很快就会变成一个满脸皱纹、满嘴假牙、胡子拉碴的小老头。
>
> 但这又有什么关系呢？我从事的是一个肮脏而劳苦的职业——绘画。如果我不是我，我不会选择绘画这条路，而作为这样的我，我经常充满愉悦地工作，在我所画的充满朝气和新鲜感的图画里，我时常能看到各种可能性闪过，虽然我的青春已经逝去。

在1887年年末写给维尔的信中，这位放浪不羁的哥哥颐指气使地批评芳龄二十五岁的未婚妹妹，称她从布拉班特寄来的文学作品索然无味，劝她多出去走走，谈个恋爱，活得洒脱一点。他还劝妹妹找个情人，哪怕像他的情人一样"不可能"或者"不合适"（他还厚着脸皮打听了老情人玛戈·贝格曼和戈尔蒂娜·德古鲁特的近况）。他建议妹妹读读居伊·德·莫泊桑、乔里-卡尔·于斯曼、阿尔封斯·都德和左拉的作品，了解一下什么是现代主义。最重要的是（显然他在对年轻时的自己说）不要对一切太在意！没有什么事情是神圣的，包括艺术。在绘画方面，最重要的是"使用浓重的色彩，让它浓烈而生动"。[1]

他的说教看起来像出自一位看破红尘的都市浪子。从前是许多苦艾酒，接着是许多白兰地，然后是大量的啤酒，文森特的夜晚基本上都在饮酒中度过。虽然铃鼓咖啡屋已经不在了，蒙马特还有很多可以消遣的场所，比如"死亡老鼠""红蚂蚁""烈士酒馆"，甚至是一个和善的日本人开的"日本沙发座"。当然从酒馆出来，还可以到"灰鹦鹉"去会会那里的姑娘们。[2] 提奥还没有从被乔·邦格拒绝的伤痛中走出来，自然也加入了文森特的行列。1887 年至1888 年那个漫长而枯燥的冬天，兄弟俩几乎都混在一起。然而，两个人保持适当的距离不是更好吗？经常性的宿醉让文森特付出了代价，他当然也察觉到这对身体本来就虚弱的傻弟弟也产生了影响，提奥经常出现剧烈的咳嗽。[3]绘画圈志同道合的画友们不停的抱怨和争吵加重了压抑已

---

[1] 以上引文均引自梵高 1887 年底写给妹妹维尔的信，编号 574 封。
[2] 古斯塔夫·高基奥（Gustave Coquiot）在《文森特·梵高》（巴黎：欧伦托夫，1923）一书中生动地回忆了十九世纪末蒙马特的景象，他声称在这个妓院里见过文森特。
[3] 奈非和史密斯在《文森特·梵高：生活》一书中强调了这种焦虑，引用后来文森特写给母亲的信中提到提奥的一句话："我没有留在巴黎是一件好事，否则我们——他和我都会堕落下去。"

久的烦恼。据文森特后来回忆，他在巴黎时感觉自己就像"搅在一场噩梦里"。

现在唯一的补救措施就是重启去年和霍勒斯·利文斯提到的计划。他在1887年年末写给妹妹的信中提到他即将南下。与此同时，为何不拿其他人的作品来消遣一下时光？何必要亲自创作呢？如果把安腾广重的这些伟大的作品直接用油画表现出来，将会产生多么美妙的文化冲击啊！除了1887年年末收藏的三幅日本民间艺术品，他还尝试了从铃鼓咖啡屋拿回来的一幅旧的宣传图片，为那段"痴心妄想"却又弥足珍贵的伤心往事留下了喜忧参半的最后一笔：这幅油画的标题是《意大利人》。画中的阿戈斯蒂纳更加年轻，她穿着意大利风情的服饰，在他的笔下简直像圣像一样熠熠生辉，画面上布满了电流般纵横交错的线条，就像沃霍尔的全景图像一样，画面中释放出一种**强烈的冲击感**。

文森特跌跌撞撞地往前冲。那么，他的目标是什么呢？离开巴黎前，他画的最后一幅画又是一幅大尺寸对镜自画像——过去在巴黎的两年里，他已经尝试了二十几幅或者更多。这并非是为了留下一部绝世之作，而仅仅是在绘画技巧上的又一次尝试。这是一种感情的传递：在小心翼翼的笔触下，缔造出了缜密的画面，他想要从最大程度上在流动的互补色与叙述性的表达之间取得平衡。在闪烁的画面上出现如此面目狰狞的面孔到底是在表达什么呢？一个"蓬头垢面的伤心之人……似乎像是一张死亡的面孔",这幅画的作者在写给维尔的信中说道,"无论如何这样的画像——画自画像并不容易——难道不会和相片**有所区别**吗?"

5 "日本"

1

转眼到了1888年2月20日,正如两年前抵达巴黎北站一样,此时的文森特背着行囊,拎着画架和视角框架下了火车。巴黎已在他身后,这里是距离巴黎向北十六个小时行程的另一座大城市马赛。文森特崇拜的英雄人物阿道夫·蒙蒂塞利在这里出生,并在这里度过了人生中的最后一段时光。然而,文森特把蒙蒂塞利看作是沿着罗讷河谷向上一直延伸到塔拉斯孔——文森特所喜爱的作者阿尔封斯·都德常常在小说中调侃这个小镇——的大普罗旺斯区的代表人物。这正是文森特所一心向往的乡村,这里盛产"更丰富的颜色"和"更明媚的阳光"。列车开到了位于塔拉斯孔和马赛之间的阿尔勒,这里曾经是罗讷河一带的主要港口城市,自古以盛产美女而闻名。从这里开始新的南方生活再合适不过了。

和令文森特倍感压抑的巴黎一样,这里的冬天也寒气逼人。沿着被厚雪覆盖的小路走出车站，绕过一个种满树木的交通安全岛，再穿过中世纪风格的塔楼门——老城北门，一条拥挤不堪的街道呈现在眼前。文森特在一家最廉价的旅馆里住了下来。刚卸下包裹，他就迫不及待地掏出画笔，透过窗子描绘眼前的景象。他写信告诉提奥一路上有多么想念他。随后的书信更加证明了这段时期，兄弟二人的情谊从未如此稳固，目标从未如此一致。这边提奥在巴黎忙着为"林荫小路"上新一代的画家们——包括修拉、西涅克、安克坦以及刚刚被发掘出来的魅力十足的高更——开拓市场；而文森特则在远方的小旅馆中思考如何为前者提供更多的建议。面对眼前的景象，文森特意识到是时候尝试大自然的原始颜色了。

然而，计划进展得并不顺利。两周过去了，寒潮还没有退去。文森特试着画了几幅雪地的景色，但大部分时间都是被困在室内画静物。像在巴黎时一样，他每天都喝得烂醉如泥，隔日醒来后醉眼朦胧。旅馆里一位上了年纪的女服务员为他当了一次模特，至此之后，所有有关绘画的计划就暂时搁置了。他和旅馆及附近酒馆里服务人员的关系变得忽冷忽热，不过很快他就了解到当地妓院的聚集地就在几条街以外的拐角处。在那条街上，来往的人们都说着普罗旺斯语。

街头上有时候还夹杂着意大利语。直到三月中旬，两名轻步兵——当地驻地军团的精英部队成员——和三个外国人在妓院发生冲突并不幸丧命，至此所有移民都被赶出了小镇。在经历了这个不愉快的小插曲过后，文森特又在阿尔勒中心的罗马竞技场见识了另外一个尴尬的场面——年轻的勇士们试图从横冲直撞的公牛的犄角上夺取丝带，士兵、女店员、工厂工人和农民们都在为这场斗牛表演而欢呼。和堪称"中国人的噩梦"的阿尔勒圣特罗菲姆大教堂里的罗马石雕一样，这个充满异国风情的场面就真实地发生在眼前。但对文森特来说这对他毫无吸引力，这属于"另外一个世界，我庆幸自己不属于这个世界，正如庆幸自己不属于尼禄统治时期的罗马帝国一样"。

对他来说，一路南下是为了在那里寻找东方的痕迹。在南下的列车上，他不停地望向窗外寻找"是否'已经有了日本的影子'"。他承认这很"幼稚"，但是在这里，明朗的天空与苍白的雪地浑然一体；白雪融化后，翠绿色的田地与蔚蓝色的运河在罗讷河谷的大草原上纵横交错，这些景色像是出自葛饰北斋或者很可能是安腾广重的作品。（对于版画画家，文森特已经记不太清了。）"我感觉像是到了日本"，在接下来的几个月里，他反复在书信中惊叹——不仅是写给提奥的书信，还包括另外两个与他通信频繁的朋友：贝尔纳和妹妹维尔。

作为出生在十九世纪的欧洲人，文森特对这个亚洲国家的实际了解并不全面。从左拉和其他法国作家的宿命论的历史著作中可以得知日本正在衰落，但是他们的文化却得以传承下来——"毫无疑问，日本的艺术正在法国得以传播。"通过何种方式呢？对文森特来说，当然是思想意识。1888年春，独自漂流在异乡——不属于任何一个当地的社交圈子，连可以联络的人都寥寥无几——文森特感到自己从未如此自由过，他开始用自己独特的视角来解读眼前的这个世界。没有了束缚，他开始了自由创作。

他所探寻的神奇的"南方世界"丰富了他的视觉体验——"更丰富的颜色，更明媚的阳光"。但他看到的到底是什么样的景色呢？很奇怪，当沿着罗讷河道通往海边的火车抵达最后一站，当文森特从火车上走下来的那一刹那，文森特仿佛——有意或者无意地——看到了另外一个荷兰。曾经让他魂牵梦萦的景色此时在法国的另一端呈现在眼前，散发着新鲜而朦胧的天国光辉。正如在布拉班特时期一样，在开始画油画前（有时候在之后），他先把眼前的一切用芦秆笔记录下来。

天气转好后，文森特着手画的第一幅画仍然是荷兰时期的主题：一座坐落在阿尔勒南部郊区运河上的吊桥。桥上的横梁和滑轮像四年前尼厄嫩时期的织布机一样，紧密有序地排列着，需要文森特用视角框架来完成绘画。然而在文森特的油画里，机械结构被解读成静态的模板，上面布满了生机勃勃的橘黄色、蓝色和绿色，他试图通过跪在河岸边的洗衣妇和桥上路过的一辆马车淡化这种强烈的色彩冲击，让这幅画看起来更具有日常生活的伟大意义。完成这幅作品——以其维修者的名字命名为《朗格卢瓦桥》——之后,文森特开始尝试城外的果树园。同样,这里有尼厄嫩时期文森特所探寻的景色。没有什么比樱花更能体现安腾广重作品的特色了。

1888年3月末以及整个4月,文森特一直练习画花瓣。不仅仅是李花,梨花、桃花、杏花和巴旦木花统统让他感到着迷。他在果园里的田埂间转来转去,把画架支在开得最绚烂的花朵前——或者对着藤蔓和朦胧的青烟,或者对着用来保护果实不受普罗旺斯最强劲凶猛的密史脱拉风侵蚀的篱笆和松柏林。3月30日,他激昂澎湃地完成了一幅描绘桃树的油画,并在上面写了"纪念毛弗"(Souvenir de Mauve)几个字。文森特的油画启蒙者安东·毛弗于七周前去世了。虽然毛弗很快就结束了与文森特的师生关系并一直未再接受文森特再次拜他为师的请求,文森特仍然热爱并且尊重这位启蒙导师。这位前辈和他所代表的海牙学派一直信奉色彩的和谐,钟爱暗淡而理性的灰色。文森特用这幅新作致敬他的启蒙老师,宣布自己的独立立场,向其证明,如果能将艳丽的色彩运用得当,同样可以实现色彩的和谐与统一。

文森特认为画家无法做到的是同时关注到颜色与色调。"一个人不可能同时站在极点和赤道。"这句话轻描淡写地回应了他的作品所受到的书面批评——来自巴黎一家小型杂志的撰稿人古斯塔夫·卡恩。1888年春,为了推进文森特的绘画事业,提奥在独立沙龙里展出了几幅蒙马特区的风景画和一幅静物画。卡恩批评文森特"笔法浓烈"却缺乏"精准性"[1],但文森特对这种说法的态度却云淡风轻:"他们很快就会转变想法的。"他这种高昂的情绪反映到他的画板上便是条纹、斑点、斑块和大片空白大胆的混合。他告诉提奥,当面对眼前"无比华丽"的花团时,一股"绘画的激情"油然而生,让他完全丧失了"冷静的心智"。文森特还嘲讽一向遵循教条主义的贝尔纳:"我的笔法完全没有规律可循……我更希望我的作品不是让那些对绘画技巧已先入为主的人感到愉悦,而是让他们感到忧虑和烦恼。"

这幅色彩明亮的作品中跳跃性的混搭集合了文森特在巴黎时所吸收的所有精华,这幅画的目的是为了激怒人们,当然也希望能取悦到他们。在去年秋天写给维尔的信中,文森特提到他在绘画界的新立场。如今真正重要的是艺术必须"充满活力"——即使艺术家本身也许看起来像个笑柄。"心情愉悦"成为了这个春天的口号,这就是为何充满朝气的果园成为了他的绘画对象。积极的颜色对观赏者的生活会产生积极的能量。也许观赏者暂时还不能理解,但文森特的油画——或者说他所试图达到的效果——早晚会证明这一点。为了达到这个目的,他已然将自己置身于这

---

[1] 古斯塔夫·卡恩(Gustave Kahn),《绘画:独立的展览》,《独立日刊》7, no. 18(1888年4月):163,引用同上,n. 15。

种极端的社交边缘，因为"也许身体健康比颜色搭配更重要"，"也许传宗接代比绘画更重要"。但是，家庭生活并不属于这位艺术家。在写给提奥和维尔的信中，他的立场复杂而摇摆不定，既充满自我嘲讽，又有后政治主义色彩（他告诉妹妹，我们不能装作是社会主义者或者"一种新事物的创立者"），同时仍然充满野心：

> 我仍然希望自己不是在孤军奋战。我认为完全有必要创立一种新的油画和素描，甚至是艺术生活。如果我们向着这个共同的信念努力，那么我认为也许这并非痴心妄想。

如何将这个信念付诸实践呢？5月初，文森特对花朵的痴迷渐渐退去，他开始关注一个更广泛意义上的"南方"的主题。他写信告诉提奥，前辈蒙蒂塞利已经在此"做好了铺垫"。不，不，他连忙补充道，不应该由我来完成这个施洗约翰的角色——这是一种比喻。"对我来说，我还将继续绘画，也许我的一些作品会得以传承……油画的未来应该属于**一位未来的色彩家**。"

未来的油画家！油画的未来应该属于谁呢？"我无法想象他会是像我一样生活在小旅馆里，带着满口的假牙，经常光顾步兵妓院的人，"文森特在写给提奥的信中诙谐地开了个玩笑——自从文森特搬到巴黎住了一段时间，他和提奥就开始改用法语通信。总之，文森特希望能有其他画家加入他在南方颠沛流离的生活。这似乎是他长久以来的计划。他向提奥解释，这不仅是为了其崇高的事业，还可以节省开支。如果"林荫小道"的画家们换个地方呢？（文森特对近在咫尺的普罗旺斯画家却没有多少兴致，这里有一位丹麦画家和一位美国画家，但他从未将他们放在眼里。）他在3月写给贝尔纳的信中提过这个想法。5月，他开始考虑要不要和高更提及这个想法。这位寄居在布列塔尼区蓬塔旺村的"惊世骇俗的"诗魂（他这样向贝尔纳描述高更）早就将年初提奥帮他卖画挣来的钱挥霍一空，如今又过上了捉襟见肘的日子。

很快，文森特的提议又增添了新的筹码。5月末，文森特终于和北门旅馆的人发生了口角：他的油画很快就堆积成山，旅馆要求他支付更多的钱，而文森特并不乐意。另外，这里的食物也不合胃口，而且盥洗室还经常发出恶臭。为了找个空气好一点的地方——"这个小镇都是老街区，太脏了。"——他走出中世纪的塔楼，穿过一个绿树成荫的小公园，经过拉马丁广场，来到了车站咖啡馆。这个无产阶级聚集区更符合他的风格。咖啡馆的经营者约瑟夫-米歇尔和玛丽·吉努愿意为他腾出一个房间。他们还认识房地产经纪人贝尔纳·苏莱，他手上有一座位于公园前的长期无人居住的二层小楼。这个地方最合适不过了！扫了一眼掉了皮的暗黄色泥墙后面的四间朝南的小房间，文森特来不及征询资助人的同意，就马上答应承租下来。年久失修和窗外让人眼花缭乱的景色更增加了这处住所的潜在魅力。他恨不得马上雇几位粉刷匠把房子重新刷一层黄色,并且马上在这里画画。按照他的设想,他先搬进来,其他人陆续来这里报到。

当居住在蓬塔旺的高更收到来自黄房子的邀请后,并没有立刻决定。高更此时已经有了一定知名度,又受到文森特的如此青睐,于是便试图说服提奥支付他一定的补贴,作为答应文森特的邀请的附加条件,因此这件事就被搁置了。而这个5月,提奥的身体再次出现了问题(当时被诊断为"心脏问题"),他和老板们的关系也不容乐观。"是我让你心力交瘁,"文森特痛苦地自责。既然自己没有挣钱的能力,文森特唯一能做的便是时而用芦秆笔来取代奢侈的油画,从而为提奥减轻负担。文森特此时想到了贝尔纳和安克坦。5月中旬,他暂时把风景画搁置一旁,画了一幅色彩明快的静物:一只深蓝色的搪瓷咖啡壶,一只印着钴蓝色格子的奶壶,和一些在刺目的柠檬黄的背景衬托下边线清晰的橘子。贝尔纳和安克坦的分隔主义显然影响了他的这幅作品。从巴黎收到的汇款一部分被他挥霍在陶器上,从而来满足他最近对描绘家庭生活场景所产生的兴趣。

可以无所拘束地创作,有足够的空间来自由思考,现在他终于可以开始真正的探索了。5月30日,文森特坐上驿站马车前往五小时车程外的位于地中海沿岸的圣马迪拉莫。第一次亲眼见到南方的浪花,他发现一种全新的野性的颜色扑面而来。他酣畅淋漓地挥舞着画笔记录下让印象派画家们魂牵梦绕的瞬息美景。在五天里，他在小村庄完成了三幅油画和若干幅素描，而他至少在素描时已经不需要视角框架了。抛弃视角框架给了他一种"更像日本人的视角"，因为"日本人画画速度之快，犹如闪电划过天空"。随后，他的笔法更像是一种多重节奏的书法。紧随在圣马迪拉莫完成的一幅油画**之后**，他又在一幅新的作品中将不对称书法发挥到了极致。（他花费了大量的精力用这些素描来向弟弟和朋友们解释自己最新的尝试，那就是对瞬间摄影的需求。）而在7月的几天里，在位于阿尔勒东北角的蒙马儒山上完成的一组素描作品中，他展现了犹如伟大的交响乐般的绘画技术。

经过大胆的尝试后，文森特意识到他的作品越来越偏离巴黎的同行们。圣马迪拉莫之行过后，他写道，安克坦和图鲁斯-劳特累克"不会喜欢我的新尝试"，随后又补充道，修拉和西涅克也不会喜欢。而此时对文森特来说，还需要更加"大胆夸张"的画面效果，他根本不在乎色彩的**真实性**。对他来说，最重要的是"强烈的情感而非冷静的笔触"，这也解释了为何他完成一幅油画的速度如此之快。最终，他在8月明确地表示了与印象派画家的不同："我更随意地使用颜色，也更有力地表达我的感情。"

至此，文森特在绘画上取得了长足的进步。从圣马迪拉莫回来后的两周内，他完成了两幅惊人的巨作。文森特顶着6月的酷暑天,在密史脱拉风掀起的尘土中徒步来到阿尔勒东边的克罗平原。《收割》这幅作品中描述的富饶广袤的南国景色甚至可与古代的北国全景油画相媲美——十七世纪六十年代的菲利普·德·科尼克或者一个世纪以前的老彼得·勃鲁盖尔的作品,在宏大静谧的画面上散落着摆着各种姿势干着农活的农民。对于这幅油画上所展现出的传统的宁静和"对颜色笃定的运用"让文森特非常满意。而对于另一幅意在创造一种生硬而"怪诞"的画面感的油画《干草垛》(*Haystacks*),文森特并不是非常有信心。这幅画和前一幅取景于同一画面,只是换了一个角度,将画面放大到某一个点而已。没有任何油画更能代表文森特"浮夸"的绘画风格和其独有的观察力了,也没有任何油画能够更加戏剧性地表达其邂逅眼前的景物时所产生的心理震撼了。这个夏天,肥沃的土壤、憨实的农民、大胆的笔法、明亮的颜料和震撼的黄色——所有的元素遐迩一体,相得益彰。一切都很美妙!

2

这位弯腰驼背的异乡人戴着草帽,汗流浃背地打开绿色的房门,筋疲力尽地将一天的劳动成果推到一楼的工作室里,然后脱下溅满颜料的工作服,返回到尘土飞扬的拉马丁广场,经过几家杂货店和一条小巷,走进维尼萨克餐馆,在这里享用晚餐。现在他已经改变了旧时的坏习惯,尽量注意合理饮食，而这个餐馆恰巧满足了他的要求。几杯咖啡或者一杯白兰地过后，他会认真地阅读关于时下一些作家的评论——列夫·托尔斯泰、沃尔特·惠特曼——或者翻开当日的《费加罗报》，着迷地跟进军国主义竞争者布朗热将军的日程。他认为这位军将是法国的未来。有时，其他方面的需求也要得到满足，于是他便顺着拉马丁广场那条长满悬铃树和夹竹桃树的小路往下走，来到老城区的阿尔勒街尾或者雷哥列街。

这位独行者的一天似乎有些接近劳动工人的生活。"这些天，我除了点餐或者点咖啡，没有和任何人说过一句话。"这是一种孤独的存在。在1888年7月到10月的炎夏里，他目标明确地默默工作着。又是酷热的一周，"瞧，又一个周末在给你和贝尔纳写信中度过了（"你"指的是提奥，"周末"指的是7月15日。）在性生活方面，对文森特来说"那种为步兵服务只要两法郎的女人"就可以。他承认在面对画廊里的裸体时，他和那些普通工人别无两样。"我太不像是一位艺术家了，竟然经常抱怨为何这些雕像或油画中的人物不能真实存在？"

的确，只是接近劳动工人的生活而已。有时，钱用完了，颜料管也被挤得干干净净，文森特只能一边画素描画，一边等待邮局的邮件。他的思想经常过于活跃：周日寄出信件后，周一或者周二紧接着又写上一封，总是有太多的话要说。但他的身体却每况愈下。"绘画和过量的性交不可兼得，"他认为有必要总结一下。依照他和提奥记忆中的一位蒙马特老风景画家的格言，他又将这个话题扩大化了：

> 那位伟大的绘画大师齐姆认为，一个男人从不能勃起的时候，便开始变得雄心勃勃。如今，不管能否勃起，对我来说都一样。当我不可避免地变得雄心勃勃时，我会抗拒。

然而，抗议是徒劳的。这位高瞻远瞩的观察者在克罗草原上勘察过后，发现自己的目标越来越高远。完成《收割》之后的几天里，文森特在写给巴黎时期的那位澳洲好友约翰·彼得·拉塞尔的信中开始提到一个新的方向。虽然这种风格在他的绘画生涯中已根深蒂固，而且他对此也深思熟虑过，但这种转变仍然出人意料。同时也恰恰证明了文森特驾驭不同绘画风格的能力。他打算尝试精神寓言。《播种者》便以此为主题。

宗教对于早年的文森特来说是一场巨大的悲剧。他从灾难性的虔诚中脱身而出，残忍地将所有的自责发泄到做牧师的父亲身上。从他遭遇了人生中的最低谷以来——1883年12月当他来到尼厄嫩的牧师公馆时，他的作品明确地体现了世俗的目的，即受法国作家们影响的物质主义。然而，虽然已背弃信仰，但文森特在某种程度上仍然是一位基督教信徒：在内心深处，他仍然热爱耶稣。圣经中的上帝名副其实地父权至上，这让他感到恐惧和窒息。更何况，如今的教堂对他来说或早已死亡——中世纪精神的废墟——或在现代化的布道者及卫理公会陈腐的外表下死气沉沉。为了指责维尔对教堂的忠诚，文森特引用了《福音书》中一句发人深省的诗句："为什么在死人中找活人呢？"[1] 他所表达的观点是——从伦勃朗的作品中也可以看出——每个人的内心都有一种无限永恒的东西，引导和认识灵魂层面的东西，从而帮助并且安慰他人。

耶稣有属于自己的语言艺术，那便是他在圣经中运用的比喻。这种将抽象的想法通过普通农民的故事讲述出来的形式，也许对十九世纪的视觉艺术家产生了一定的影响——尤其是文森特所钟爱的米勒。当耶稣在讲述播种者的故事时，当他最大限度地传播故事中那既可被理解为食物又可被理解为真理的种子时，他创造了一种艺术中的艺术，一种圣言中的艺术语言。此时，文森特打算重新演绎米勒的《播种者》——这几乎是他自 1880 年投入到绘画事业后第一幅临摹的作品——从而继续为上帝的国度做出奉献。这很可能会成为一幅关于油画及其未来的作品，用以阐述这种艺术形式所孕育的救赎力量。也许……眼下，1888 年 6 月末，文森特勤奋地研究着油画，他在笔法上更加接近点画派，而最具有代表性的元素便是那颗毫无疑问象征着上帝的太阳。

---

[1] 引自《圣经·路加福音》24：5。——编者注

文森特很早以前就使用过这种用自然作类比的方法。1882年春季,当他发现树根可以像人体一样被用来"表达与生命的抗争"时,他便开始尝试。1888年夏,他的视野变得更加开阔,并且有了"通过星星表达希望"的想法。事实上,4月初他便有了画夜空中的星星的想法,但直到9月末他才真正将其付诸实践——这幅在离黄房子一百米以外的河岸边的路灯下完成的《罗讷河上的星夜》,巨大的画面如此紧密,它看起来更像是一幅浮雕,而非可复制的平版画面。[1] 浓厚的色彩、凹凸的层次和交叉的条纹将遥远的宇宙中所有物质赫然呈现于画布之上。这种粗暴而直接的浪漫主义氛围将眼前河岸上的那对情侣与天上的星群关联起来。他笔下的金黄色与亮蓝色,大红色与纯绿色的搭配,在阿尔勒经常是"真实存在的",文森特解释道:

> 将两种互补色结合起来,通过他们的搭配与对比,以及两种色调间神秘的共鸣来表达情人之间的爱;通过暗色的背景上浅色调的光晕来表达情感;通过星星来表达希望。将生命的激情折射在落日的余辉中。虽不像错视画法那样真实,但难道就不算真实存在了吗?

文森特洋洋洒洒地写信给提奥,他在信中将"结合"

---

[1] 此处出自文森特自己的记录。据他称,他将蜡烛系在草帽上,就着蜡烛的光,绘制了罗讷河上的星夜。这种说法听起来很神奇,但似乎并不现实。

与关联的意义进一步延伸了,对这幅画寄予了更高的希望。假设——我们假设所有事物都是创造出来的——这个"拼凑起来"的世界只是上帝"失败的实验",在这个实验里,只有人类艺术家没有得到该有的回报:尽管如此,公平还是存在着的。一切终将在生命的另一端——在我们头顶上闪耀的星际间——恢复平衡。"就像我们需要搭乘火车才能抵达塔拉斯孔和鲁昂一样,我们通过死亡才能到达某个星球之上。"如果不是如此,还有一种可能,那便是包括他自己在内的整个世界都在虚无中失去了平衡的意义:

> 我经常感觉到自己是一位旅行者,向着某个方向出发,要到某个地方去。
>
> 若我告诉自己那个方向和那个地方并不存在,似乎也没有不相信的理由。
>
> 就像那个妓院老板,如果他想把谁赶出去,也是一样的逻辑,一样的道理,并且他永远是对的。即使最终我发现自己错了,那也没关系。那时,我将会明白不仅是艺术,世间万物终究是一场梦,人本身也是一场虚无而已。[1]

在文森特把这篇散文诗寄给提奥的几周后,他画了一

---

[1] 文森特写给提奥的信,1888 年 8 月 6 日,编号第 656 封。这段崇高的叙述引自马克·罗斯基尔(Mark Roskill)编辑的《文森特·梵高的书信》(纽约:试金石,2008),第 275 页。虽然扬森、卢伊特詹和巴克是几近完美的翻译家,但是他们却并没有完全领略到文森特原文的诗意。

幅自画像，画中的他被描绘成了一副日本僧侣的形象——长着一双东方人的眼睛，枯瘦面孔迷失在了水蓝色的背景里。不管这些油画有没有体现出文森特对于天堂的冥想，9月初他已经开始尝试了地狱之行。有三个晚上，他并没有回到约瑟夫和玛丽·吉努租给他的房子里，而是在楼下二人开的咖啡馆里画画。这个位于小镇北部过渡区内的咖啡店一直开到凌晨时分，是"流氓无赖"、站街妓女和被妓院老板赶出来的那些人聚集的地方。他愿意相信这里才是适合"自我堕落，放纵自己，或者犯罪"的地方。他对在这里完成的《夜间咖啡馆》极其满意，并窃喜这是他"最丑的油画之一"——另外一幅他最喜欢的油画是《吃土豆的人》。为了让提奥理解煤油灯下神色恹恹的地痞流氓的诡异画面的奇妙之处，他写道："我想用红色和绿色体现人们可怕的激情。"

"好像我很在乎他**想要**做什么似的！"两年前，当文森特试图解释他如何在花卉画中运用颜色的对比时，德里·邦格否定了他。当时的否定完全适用于现在。红色和绿色就是颜色本身，而情感又是另外一回事。文森特在阿尔勒所惯用的黄色不管多么震撼人心，也不足以作为人类激情的象征。《夜间咖啡馆》不像"错视画法那样真实"，但是丑陋的魅力在于它所揭露的是现实，而非颜色本身。换句话说，当我们在购买文森特·梵高的图文作品时是否该犹豫一下——**因为是我画的画，所以我要告诉你它讲了什**

么——还是应该完全否定它？

文森特似乎已经意识到了这种否定的力量。他显然对自己独具特色的文字功底很满意，但却从未发表过任何文章。"线条和颜色是一种艺术，文字也是一种艺术，后者可以像前者一样流传千古，"他在春天这样写道。紧接着他又提出，不管诗人如何用文字来左右我们的情感，"画家不应该讲话，他应该保持沉默，我会因此更喜欢他的画。"8月，文森特的见解已经脱离并超越了他的油画。在寄给贝尔纳的书信中，他言辞激烈地抨击"枯燥乏味的形而上学的冥想已经不能应付如今的混沌"。文森特所提到的"混沌"是指当今的历史现状。现代人类正处于一种动荡的无政府状态，如今正从"古建筑的"中世纪社会向未来社会过渡，"社会主义者正有条不紊地建设着其社会大厦"。因此，画家们最好的期望便是专心致力于某个"混沌的**原子**"，踏踏实实地"定义**某一种东西**"。文森特据此指引醉眼蒙眬的年轻的贝尔纳——同时也暗示他的个人倾向——来实现其长久以来所谈到的个人抱负，那便是现代肖像画。

对文森特来说，现代肖像画首屈一指的代表人物是伟大的荷兰肖像画家哈尔斯和伦勃朗。自十七世纪以来，油画就发生了一些变化。"如今……我们在**颜色**的使用上煞费苦心并且争论不休，而从前则是在**明暗对比法**上。"然而，不管是哈尔斯笃定从容的画笔下的中产阶级市民，还是粗野的农民，都能在酒吧里或者附近找到其原型。在某个妓院酒过三巡之后,文森特结交了一位叫做保罗-欧仁·米列的步兵中尉。这位中尉朋友在 7 月末特意派了一位粗壮的士兵来到文森特的黄房子充当他的人体模特。士兵的高傲和慵懒以及其华丽的军团服饰被疯狂地——"夸张地"——甩到画布上,柏柏尔的图案像是被挥舞着的拳头打在画布上一样。三个月后,这位留着"野牛比尔"式胡须的年轻时髦的米列中尉也穿戴整齐地端坐在文森特面前——胸前戴着勋章,领子上戴着镶缀。同样,在结束车站分拣工作后,留着络腮胡的约瑟夫·鲁兰也会挺着庞大的身躯挤进车站咖啡馆。油画上穿着邮局制服的形象所展示出的鲁兰——这位爱谈论政治的酒罐子是一位丧失信心的共和党人士,他很快也会对布朗热感到失望(次年,布朗热的事业直线下滑)——成为文森特笔下工人形象的代表。

每个人都有一个特定的角色。欧仁·博赫也不例外。他是当地的画家中唯一让文森特感兴趣的。这位比利时人的"脸像剃须刀的刀片一样",所以他必须是一位诗人,他的头顶理应星光璀璨。文森特赋予模特"我不知永恒——光晕总是用来象征永恒——为何物"的态度是一种简朴的画法,而简朴即是美。为了避免把模特画成一本正经的邻家女孩的模样,他在选角上花了些小心思:他告诉他的收信人这幅画叫作《日本少女》(*La Mousmé*)。换而言之,这是对日本少女的初次尝试。8 月,他找到一位乡下的老农充当他的模特,这进一步扩大了他所画人物的社会阶层。实际上,这一时期文森特对于绘画的研究简直就是一本个人百科全书的样本,是一本现代社会的图集。除了星空、历史、社会人物和地理风貌,他还尝试了机械化和城市环境。除此之外的油画还包括生锈的列车、铁路桥、脏兮兮的街道、驳船、马车、敞篷车和拉马丁广场附近密林丛生的景色。这一时期的作品包罗万象。十九世纪伟大的小说——巴尔扎克的《人间喜剧》和左拉的《卢贡-马卡尔家族》——被他浓缩到一系列自制的明信片上,然后从乡下的某个街角寄出。

然而,文森特还有另外一个小宇宙亟待建设。8月下旬,他开始忙着装饰黄房子二楼的房间,他称之为"某个破产伙伴的避难工作室"。像以往一样,提奥在收到的信中看到了不太实的所谓赚钱的提议,他被告知:如果文森特设计一个装修方案,不久的将来,这将变成"一万法郎"的资产。文森特的《向日葵》(*Sunflowers*)系列由此诞生了。[1] 他开始重新尝试浓重笔触下趾高气昂的黄色向日葵(他早在巴黎时期就尝试过画向日葵),这似乎是他对法国南部幻想的缩影,是阿尔勒情节的源头。这个母题很快成为了他的首选,他尝试着画了十几幅。此时,文森特收到了高更的来信,后者终于在信中表示愿意接受文森特的邀

---

[1] 此处具有反讽意义的是,文森特恰恰低估了自己的价值。此处不做赘述。

请，这大大地鼓舞了文森特的信心。9月8日，文森特在完成《夜间咖啡馆》这幅作品后收到了来自提奥的一大笔汇款。他马上开始购置家具。9月16日，他第一次住进了黄房子，睡在他买的床上（他购置了两张床）。

"我从未如此幸运过，"文森特在画向日葵的时候写道。"这里的自然风景**格外**美丽，任何地方任何事物都是如此。"9月末，文森特将满腔炽烈的兴奋之情带到了街头拐角处。趁着街头正在施工，他将画架放在了拉马丁广场的东边。在这里，从他就餐的餐馆到铁路桥对面开往巴黎的火车都一览无余。两周后，他的热情渐渐平息了，他换了另外一种方式来庆祝黄房子的翻新——他将之想象为《夜间咖啡馆》的对比和补充。"这仅仅是我的卧室而已，"他解释道，之所以画它是为了"让头脑**休息**，或者说让想象力得以发挥"，朴实的家居牢固地坐落在那里，描述了一种"不可动摇的静谧"。

3

"让头脑**休息**，或者说让想象力得以发挥。"单一的工作节奏牢牢地吸引着文森特，让他爱不忍释。绘画的对象在召唤他。"面对如此美丽的自然风景，我有时非常清醒，"他在画《黄房子》前写道，"有时候我会进入完全忘我的状态，像是在梦境中画画一样。"翌日夜晚，他写到9月耀眼的颜色"让我格外兴奋，我完全不知疲惫，我可以再继续工作一晚……"然而，10月21日星期日，正如他所担心的，因为疲惫或是其他原因，他开始感到不适。"我没有生病，但是……"他告诉自己该休息几天了。10月22日星期一，他却又开始规划一幅崭新的拉马丁广场的盛大视图。"看！说好不工作了的！"

10月24日星期三，高更抵达黄房子。[1] 他从布列塔尼南下之前，犹犹豫豫，反复不定。事实上，他更渴望回到前一年拜访过的马提尼克。但因为负债累累，他被困在了蓬塔旺，而如今能否取得进展，最大程度上取决于去年冬天帮他卖画的画商提奥·梵高。也许和这位画商的哥哥——这位似乎真正认可自己价值的人合住，是一种明智的迂回战术。同时，在提奥的哥哥的怂恿下，好高骛远的狂热画家埃米尔·贝尔纳于8月的某一天出现在高更的家门口。高更的年龄要大贝尔纳一倍，但是贝尔纳对现实主义的鄙视让他对其颇有好感。他认为贝尔纳的分隔主义绘画方法符合他挑剔的审美观。9月10日左右，文森特仍然纠缠不休，他写信到蓬塔旺，建议三人互相交换肖像画。毕竟，日本的艺术家都这样做，而他们三个人都热爱日本。

高更和贝尔纳纷纷寄来了各自的自画像，另各附一张为对方画的素描插画。文森特为二人准备的是那张似僧侣

---

[1] 马丁·盖福德（Martin Gayford）在《黄房子：梵高、高更和他们在阿尔勒九个星期的纠葛》（纽约：利特尔&布朗出版社，2006）一书中详细地描述了高更在阿尔勒逗留期间的细节，其详细程度要远远超出本书所允许叙述的范围。

一般的《自画像》——日本和尚的造型。在画这幅油画时，文森特尽量保持中立的他人视角——除了拍打到画布上的每一笔都极其具体与急迫。相比之下，高更的《自画像与贝尔纳画像》则是：在这位急躁的拳击手的画笔下，他本人身体前倾，画面显得咄咄逼人——但令人意想不到的是，随着他的画笔摩擦与扭动，画布上的背景似乎变成了一种幻景，从而从他的脸颊上弹射出一种跳动的蓝色之光；高更的油画没有**此处**和**彼处**。他的画像是一个幻想的矩形水池，让观赏者不禁跃入其中。文森特被这种"诗歌般的"画面所深深吸引，但同时也感到迷惑：他告诉提奥，这位可怜的高更脸颊发青，看起来很不好。他最好尽快南下。

在前期的谈判中，反反复复的"好的，但是""太难了"和"看情况"让文森特意识到，他所期盼的这位客人也许并不可靠（高更很善于在书信中表现自己最糟糕的一面）。然而，文森特在高更抵达黄房子的三周前告知对方，作为风度翩翩的长辈，高更有资格把自己视为黄房子画室的领袖，而自己则过于"粗俗"与"平庸"。事实证明，10月24日抵达的高更不仅十分健康，而且趾高气昂。他在这座南方小镇上兜了一圈，嘴里却不停地吹嘘自己在海上的探险经历以及热带海岛的迷人之处，他还吹嘘布列塔尼处处都比这里更大更好。由此可见，对于文森特所憧憬的绘画工作室，他到底想不想参与还不能确定，但可以肯定的是，他的确想在阿尔勒有所收获。当他被带到当地的妓院时——文森特认为这是当地最具吸引力的地方,他"像一只野兽一样"神气十足,文森特在写给贝尔纳的信中对此表示肃然起敬。提奥近期设法卖掉了文森特的一幅小型油画[1],但这并未能减轻文森特内心的巨大负担。而就在不久前,提奥为高更赚了一大笔钱。高更抵达阿尔勒的第四天便收到了这笔钱,足够帮他还清在蓬塔旺所积累的所有债务,还能为他和文森特购入一大卷粗帆布用来绘画。

文森特对于古典主义早已不再痴迷,如今他更倾向于中世纪美学。然而,阿尔勒的阿利斯康墓地吸引了他那位魅力十足的同伴,于是10月末,文森特也加入了他的绘画之旅。从墓地返回后,文森特带回了新的惊喜:几幅发人深省的正式作品。在画作中,他机智地使用了绘画技巧,有意识地用树木来分隔矩形画布。这种新的绘画技巧与其说是受高更的影响,不如说是受到高更从蓬塔旺所带来的画的启发——贝尔纳地地道道的分隔主义画(文森特复制了一份)和其他画家的一些图画。即使是在描绘过去的主题时,文森特也会调侃一下"油画的未来"。他会在几何垂线的间隙中插入杜米埃的卡通人物。

这两位朋友在阿尔勒茶余饭后的聊天中会引用远在他方的贝尔纳的意见。(高更负责做饭,文森特则负责购买日常用品,一位他从未提起过名字的当地妇女负责打扫卫生。

---

[1] 这次交易的细节在1888年10月8日写给提奥的信中略有提及,但并不清晰。

文森特曾试图尝试做饭，结果两个人对着灾难性的结果捧腹大笑。）高更喜欢使用一些小说中的流行词汇，比如"抽象"和"意象"。两年前，巴黎的文学批评家让·莫雷亚斯发表了一篇叫作《象征主义宣言》的文章。文章中所阐述的观点是艺术不应被物质世界所束缚，相反，艺术应该维护精神和想象力。文森特已然开始关注这种观点——他构思过寓言性的《播种者》。夏季，他曾两度尝试德拉克鲁瓦式的《橄榄园里的基督》。然而，两幅画都因没有现实的基督原型而以失败告终。随后两幅画都不得不被"无情地毁掉"了。

也许该训练一下自己的记忆力了。那样作品才能够像高更所建议的一样"更具有艺术气息，而非仅仅是对自然的临摹"。11月初，文森特花费了一周左右的时间——这对他来说是相当长的一段时间——来虚构在"幻境"中，生活在遥远的梦想庄园中的他深爱的人们（他的母亲，可能还有凯·福斯）。他的精神和想象力似乎比罗讷河谷更加"日本化"。他似乎意图通过葛饰北斋的旋笔和边线来表达。因为没有现实作参照，文森特的想象力最终归于点彩画。他用五颜六色的圆点、条纹和花朵拼凑出一个斑斑块块的大花园。这幅画就像是他在艺术生涯中开了个小岔，对他来说并不算成功。但这幅具有日本艺术风格的作品让他重新燃起了播种者的热情，他还借鉴了安腾广重对树的诗意的刻画。晚秋的天色为"油画的未来"的比喻赋予了更多宿命与哀歌般的情调。

文森特听从室友兼"画室领袖"的意见（这位画室领袖在来到黄房子之前就在《布道后的幻象》中借鉴了安腾广重所使用的树木的意象），但是不管和谁合作，他都能迅速占领属于自己的一席之地。当风度翩翩的高更劝服咖啡馆的吉努夫人——阿尔勒远近闻名的美女之一——来到工作室为他充当人体模特并专注地在画纸上精雕细琢时，文森特默默地坐在边上，迅速地完成了一幅大型的肖像布面油画。高更来到黄房子近一个月后，文森特喜欢利用家具将二人相互区分与对比。普通的椅子当然属于粗俗和平庸的自己，而优雅高贵的高更则享有线条优美的扶手椅。蓝色和黄色属于自己，而红色与绿色则属于高更。如果说前者的油画过于强烈（可忽略他放在后者椅子上的恶作剧——一支大大的阴茎模样的蜡烛，上面有其亲笔写的"PGo"，即"刺"），那是因为文森特8月份所提到的抱负此时前所未有地强烈。"我越来越愿意寻求一种不属于印象派的简单绘画技巧，我希望任何人看到我的画都能够理解它。"民粹主义的质朴成为了他的宏伟目标。

除此之外，他的目标便是记忆力以及他一直所热衷的"现代肖像画"。11月末，文森特设法征得憨厚老实的约瑟夫·鲁兰的同意，他在一周之内为鲁兰家里的每个人都画了肖像画：奥古斯蒂娜夫人、四个月大的宝宝玛塞勒、十一岁的卡米耶和十七岁大的阿尔芒——他为阿尔芒画了两幅画，其中一幅是文森特艺术生涯中最出色的作品之一。像过去漫长的九个月一样，文森特夜以继日地挥舞着画笔。但这只能让他亏欠提奥更多。"这真的糟糕极了，除了画画还是画画，这样的日子还要很久——这糟糕的日子让我伤心透了，"这段表达歉意的文字写于12月1日。

一定得有所付出。高更在12月初花了好几天的时间——按照自己有条不紊的节奏——完成了一幅以文森特为题材的油画，画中文森特坐在其正下方，正画着让高更倾慕不已的向日葵。据高更后来的回忆录记载，当文森特看到这幅画时说道：

> 这的确是我，是失去了理智的我。"同一天晚上，我们去了咖啡馆：他喝了杯温和的苦艾酒。突然，他将装着酒的酒杯一并朝着我的脑袋扔了过来。

高更躲开了。他刚来到黄房子的时候，也就是在文森特写了"没有生病，但是……"之后就注意到了文森特诡异的举止。最近，当他夜间醒来时，不止一次地发现那幅画中的景物颠倒了过来——文森特正安静而忧郁地在他头顶上俯视着他。遇到这种情况，高更会和现在一样马上把文森特带回到房间。被放到床上后的文森特很快就安静地睡着了。但高更回到自己的房间后会不禁问自己：他到底来我这里做什么？（姑且不谈这幅"疯狂的"油画，阿尔勒对于高更的绘画生涯并没有多大帮助。）实际上，他似乎是在替他的经销商照顾弟弟，而如今，这项工作变得越来越危险了。第二天，文森特拖着虚弱的身子来给高更道歉。高更镇定地回答道："我愿意接受你的道歉并且真诚地原谅你，但是昨天那种情况还可能会发生，如果你打到了我，我可能会控制不住掐死你。所以请允许我给你的哥哥写封信，告诉他我要回去。"

高更 12 月 11 日将这封信寄出，但也许是觉得不合礼仪，很快便将这封信撤了回来。文森特此时特别需要他，而更重要的是高更希望大家能够好聚好散。既然对绘画的热爱让他们走到了一起，也许去参观法国南部的精美艺术展能够修复二人的关系。12 月 16 日，星期日，高更和文森特启程去蒙彼利埃的法布尔美术馆参观德拉特鲁瓦和库尔贝的油画。这次旅程又唤醒了曾经的那个艺术批评家——文森特在接下来的一天里不停地高谈阔论。最近身体衰弱的文森特甚至给提奥写了一封信，但是这位批评家还未完全恢复，心情起起伏伏：

> 关于德拉克鲁瓦、伦勃朗和库尔贝，高更和我讨论了很多。
>
> 我们讨论得异常激烈。有时候我们讨论得身心疲惫，像没了电的电池一样。
>
> 我们处在魔法之中。（批评家欧仁）弗罗芒坦说得很好，

伦勃朗就是一位魔术师，而德拉克鲁瓦是一位圣人，是上帝的声音，他以上帝的名义离去。[1]

提奥于星期二或者星期三收到了关于那次精神错乱的信件后也许感到非常担忧，但是他当时有其他的心事。那几日，当文森特正着手最新的作品时——由奥古斯蒂娜的肖像画演化出来的一幅新的民粹主义的代表作，常年受文森特叨扰并且疾病缠身的提奥正在经历人生的转折点。乔·邦格来到了镇上，住到了她的哥哥家。她居然想见一见他。情况发生了戏剧性的改变。他在所有的书信中所表达的温情与气度终于赢得了姑娘的芳心。12月21日星期五，提奥终于确定了两个人的发展方向。他坐下来将这个好消息写给人生中最重要的两个人：他的妈妈和——因为信件已经丢失，我们只能凭靠推断——他的哥哥。

室外，倾盆大雨瓢泼而至，让这一年中最短的一天犹如夜晚一样漆黑。煤气灯下的画架上是一幅包罗万象的油画——质朴、现代肖像、"抽象"和"意象"。鲁兰夫人坐在"高更的扶椅"上，手里摇动着婴儿摇篮上的绳子，而大量密集的斑点、条纹和花朵赋予其一种精神慰藉的力量，使其变成一首视觉上的摇篮曲。当屋里的烟气太重时，文

---

[1] 文森特写给提奥的信，阿尔勒，1888年12月17/18日，编号726封。扬森、卢伊特格雷和巴克推断此处所说的"昨天"的旅程发生在某个星期一或者星期二。但我认为，作为画家，他们更有可能遵守正常的作息习惯，选在某个星期日去参观了画廊。

森特会到吉努咖啡馆喝上一杯苦艾酒。文森特与高更之间的"静电"反应继续着,因为这位"野兽"威胁要抛弃他,但可能会先掐死他。然而,他在等待书信的到来。

在贝尔纳写给朋友的信中,他提到几周前发生在12月23日星期日的事情:

> 高更告诉我:"我离开的前一天"——他已经决定要离开阿尔勒了,"文森特追了上来(那是晚上,他正打算外出),我回过身,因为文森特近期非常古怪,我并不放心。然后他说,'你不说话,我也不说话。'自从我决定要离开阿尔勒,他就表现得非常怪异,我每天担惊受怕。他甚至和我说,'你要走了。'当我回答'是'的时候,他从报纸上撕下一句话放到了我的手里,上面写着:'谋杀犯逃走了。'"

高更被吓坏了,他当晚住到了旧城区的一间旅馆里。第二天清晨当他返回到拉马丁广场的住处时,看到一群人围在那里。很快,一名警察走上前来盘问他对他的朋友做了什么。他随同警察进了黄房子,看到浸着血渍的毛巾散落在一楼的工作室,地上的血迹一直沿着楼梯通向了二楼。1888年12月30日,阿尔勒的《共和论坛报》刊登了一条简短的新闻,原文翻译如下:

> 上周日晚间11:30,一位叫做文森特·梵高的荷兰籍画

家出现在合法经营的一号妓院,他找到拉谢尔,递给她……自己的一只耳朵,并且让她"小心保管这件东西"。然后他便消失了。警察接到消息后马上意识到,这必定是一位可怜的精神病患者,第二天清晨,警察来到这位画家的住处,发现他正躺在床上,几乎没有了生命的迹象。

这个不幸的家伙马上被送到了疗养院。[1]

4

简短地探讨一下:为什么是耳朵?(或者更确切地说是左耳的下半部分。)这里所给出的答案——作为剩余的叙述说服,无论好坏——都倾向于那句古老的谚语:亡了一个帝国,"全因少了一只马蹄钉"。换一种说法,积少成多,历史有时纯属偶然。[2] 问"为何是耳朵"就好似在完全的无逻辑中寻找逻辑。当然,他生命中最重要的支柱——他最亲爱的提奥——突然停泊靠岸了,这对他的影响很大,而鉴于他的成长经历,圣诞节的到来对他也产生了很大的刺激。黄房子周围的报纸上写满了各种各样的小事。首先是让文森特联想到高更的有关谋杀犯的那句话,然后是发生在文森特所热爱的伦敦(《费加罗报》,1888 年 10 月 3

---

[1] 笔者翻译了马克·埃多·特拉贝特(Marc Edo Tralbaut)的《梵高,错爱》(洛桑市:埃迪塔,1969),第 268 页所复印的剪报。
[2] 这种说法也借鉴了盖福德的《黄房子》里面所提到的证据。

日）的有关开膛手杰克的报道：在一位妓女被肢解后——包括一只被切掉的耳朵，警察收到了一封恐吓信，信中威胁下次还会有耳朵被寄过来。圣诞节到了，提奥收获了乔，野兽PGo（高更）大概也出去寻欢作乐了，而体力虚弱的文森特则负债累累。他又能做点什么呢？除了自我牺牲和"无情地被摧毁"（就像画有基督的那幅油画一样）——没有其他可以做的了。他至少可以为姐妹情谊做点牺牲，为他最熟悉的女孩们做点什么吧？他们一直都是他的朋友。

如果沿着有关耳朵的这套现实的线索追究，原因终归也只能靠猜测。因此更应该按我所说，将注意力放在他那惊人的油画作品和书信中，而不是关注从这位社交"另类"身上切下来的一块血淋淋的软骨组织。同样，我对文森特接下来的悲惨经历的描述也尽量简短。

高更给提奥发了电报。提奥乘着火车于圣诞节清晨抵达了阿尔勒。他在阿尔勒市镇里的主宫医院待了几个小时，守护着躺在病床上神志恍惚的哥哥，有时候他甚至依偎在他旁边，就像小时候在津德尔特时一样。提奥与主管医师费利克斯·雷伊交谈了几句，并且请来了新教牧师弗雷德里克·萨勒帮忙。当晚，提奥在高更的陪同下，乘车返回了巴黎。

在接下来的六天里，文森特的意识极其混乱。奥古斯蒂娜·鲁兰于12月27日来医院探望过后，他的情况变得非常糟糕，第二天医院不得不禁止她的丈夫约瑟夫再次接触病人。12月30日，文森特开始恢复理智，而1月2日，他已经可以给提奥写简短的便条来安慰对方了。同时，约瑟夫和清洁女工也把家里清理干净了（他在把耳朵割下来的时候，用剃须刀割断了一根动脉）。1月4日，这位患难好友陪同文森特回了一趟黄房子。在此之后，文森特给高更写了一封表达"友谊之情的信"，请他不要"讲我们的可怜小黄房子不好"。1月7日，他出院了，回到工作室后，便马上投入到了工作中。

在他住院的两周里，出租这套房子的房产经纪人苏莱告诉一个叫做维亚尼的烟草商，街角处一座刚刚被租户装修过的房子，马上就要被腾出来了。

在返回黄房子后，文森特给提奥写了一封信，他先是表达了自己的悲伤和懊悔，很快又变得情绪激动起来（高更自始至终到底怀有什么目的?），接着开始自嘲是长着一只"纸耳朵"的"粗制滥造"的家伙，然后还勇敢地试图做出赔偿。2月2日，他"又去见了那个我失去理智时经常去见的女孩。她告诉我这种事情在这里并不稀奇"（这里毕竟是南部）。他很高兴她已经不再感到害怕了。他的邻居们都"极其友善"，房东的经纪人来收延迟的房租时，也"非常友好"。

几天后，他出现了受迫害妄想症。文森特告诉清洁女工自己的食物被下毒了，清洁女工马上报了警。2月7日，他再次住进了主宫医院。这次他被关到了一个独立的病房。

十天后,当他的精神状况好转了,他才被允许每天回到黄房子画画,但是晚上必须回到医院里。

也正是他不在的这段时间,因为越来越不满拉马丁广场2号租户的不稳定状态,那位"非常友好"的苏莱想出了一个利于房产生意的好主意——发起请愿书。这简直是一件水到渠成的事情。后来,据一位阿尔勒市区图书管理员回忆,他见到一群游手好闲的少年冲着那位"古怪"的家伙大声谩骂,并且向他身上扔白菜叶子,而那个家伙"似乎总是在逃跑,他不敢看任何人"。另外还有一位在叔叔的杂货店帮忙的年轻姑娘将这位外国人描述成"丑陋的化身"——"浑身脏兮兮的,衣衫不整,很难相处"。[1] 实际上,住在黄房子那条街头的苏莱在街区转了一圈,就收回了三十一份签名。在这份请愿书上,有五位证人声称亲眼见到了他疯癫的行为——文森特在街上公然抓住了附近的一位中年妇女的腰。请愿书开头如下:

> 市长大人,作为阿尔勒拉马丁广场的居民,我们荣幸地写信告知您,那位叫做文森特的荷兰裔风景画家[2],即位于上述地址的一座房产的租户已经被证明多次出现精神问题……他给附近的住户造成威胁,尤其是女人和儿童。因此,

---

[1] 这位证人让娜·卡尔芒(Jeanne Calment)于1997年在阿尔勒去世。她因122岁的高龄,以及作为最后一位亲眼见过文森特·梵高的人而闻名世界。
[2] 请愿书,官方记录与调查,1889年2—3月。

考虑到公众安全问题，以下签字的所有住户恳请市长将其尽快遣送回家……[1]

这些签字的居民包括餐馆的维尼萨克夫人以及酒馆的约瑟夫·吉努——在《夜间咖啡馆》中站在台球桌后面瞪着眼睛的白色幽灵。

市长工作室的工作人员经过一番调查之后，于2月26日命令将文森特监禁在医院的独立病房里。过了三周，文森特才得以再次写信给提奥。他在信中对联合起来对付他的那群胆小鬼表示了合理的愤怒（虽然他并不确定到底是哪些人），并且承认"我宁愿去死，也不愿给大家造成或者让自己承担如此多的麻烦"。

虽然已经完全康复了，但是他不能再回到黄房子了（苏莱和维亚尼早已签署了协议）。他的朋友鲁兰也被调到了马赛。萨勒牧师仍然愿意帮助他，为他介绍了阿尔勒的一个新住处。然而文森特认为已然没有必要了。提奥于4月18日与乔结了婚，他是时候该接受自己的命运了。最好还是永久性地留在收容所里。1888年夏季，他在"亮黄色的书信中"曾调侃，如果自己能够按照想象中的节奏工作，那么他"可以成为一个有名气的疯子——但现在，我只是一个没有名气的疯子"。是的，事实的确如此。

---

1 此处是笔者对此则通告的翻译。

6 破碎

1

文森特只是间歇性地丧失理智,但有人却认为他本身就有精神疾病。这种说法看似十分冒犯,却似乎无可辩驳。若要试图辩驳这种说法,就要抛开1888年圣诞节期间的闹剧,而去认真分析闹剧前后文森特所经历的六七次心理危机。可以从提奥的通信着手。他在写信告知家人关于文森特的坏消息后收到了家人的回信:认为文森特本身就有精神疾病的主要人物就是他的母亲。

安娜·梵高-卡本特斯性格热情活泼,她非常虔诚,但思想却很狭隘。她比三个儿子活得都久。她已经接受了卡本特斯家族中有一半被诅咒的事实。她的姐姐克拉拉被诊断为癫痫病患者,而她的父亲也在文森特出生的八年前因精神疾病去世了。很早以前——也许当提奥温顺的天性显现后——她似乎就意识到那位桀骜乖戾的哥哥没有什么好运气。有时候,她能够感受到文森特和善的一面(比如当他在尼厄嫩照顾她时），也认可他具有吸引像范·拉帕德那样体面的"好"人的能力，甚至承认他的风景画的确能引人入胜，但最终她还是本能地压抑了母爱可以让她对长子寄予的厚望。

这貌似无情的判断从基因遗传角度讲是有据可循的。1875 年，安娜的另外一位亲人，也就是她的哥哥约翰内斯精神崩溃后自杀了，而文森特最喜欢的那位不爱出门的妹妹维尔——文森特经常劝她多出去走走，享受生活——于1902 年也住进了收容所，在那里度过了余生沉默的三十九年。[1] 如果他的家族真的有遗传的精神病基因，那么它完全以另外一种形式体现在文森特的身上。他狂热的心理活动像他的金红色头发一样，根深蒂固地交织在他的身体组织里。这种精神上的独特性促使他鲁莽而自私地出现在别人的生活里，但同时他也因高尚的情怀和史诗般的玩世不恭的精神品格而令人钦佩。正因如此，文森特不仅吸引了贵族青年范·拉帕德和图鲁斯-劳特累克，还和提奥、维尔、唐吉、贝尔纳、高更和鲁兰一家成为了朋友。换而言之，文森特能够以其独特的方式回击母亲对于自己的不信任。正如我们所见，1888 年末他的精神开始崩溃，但我们也应注意到，在此之前就出现过一些不正常的迹象。

文森特的通信证明他早前就出现过神志错乱的现象，

---

[1] 文森特最小的妹妹——和他往来最少的妹妹科尔似乎也在 1900 年于德兰士瓦自杀前出现了古怪的行为。

但那时的症状并不强烈。除了在高更到来之前写给提奥的信，1882年在治疗淋病期间，他就曾记录过短暂的精神错乱，当然，还有一些类似的情况，他并没有详述。根据精神病病历所记载，1888年圣诞节之后，他患上了幻想症。有时极具攻击性，有时又郁郁寡欢，但更多的时候他会自虐——用煤粉把自己涂黑，吃自己画的油画或者吃"土"。负责对他进行治疗的医生将其诊断为癫痫病的"潜伏期症状"（换而言之，即没有明显痉挛症状的癫痫病），当今的很多精神病研究者认为这种解释似乎很合理，而还有一些学者则认为这更像是"急性间歇性卟啉病"。文森特大量摄入苦艾酒也许是癫痫病症状的诱因，但这并非其精神错乱的根本原因。欲对其进行全面诊断，则需要超越文森特的神经模式以外的细节。现代医学也许会用"两极性"来描述这种症状。文森特的整体人格似乎从最早期就符合这种症状的临床表现。换而言之，在文森特三十六岁这年所面临的所有困难的背后——不管是偶然或是遗传——还有更多的原因。

抛开医学的角度，作为一个人，他在面临这些困难时会是什么样的感受呢？1889年一次病情发作之前，在他写给提奥的信里的一大段话，可以把我们带入文森特的情感世界（7月14日）。信中所要表达的东西虽晦涩难懂，但并非不能解释。那是对兄弟二人的亲密关系的一种极度忧伤的反思。但大量的修辞和颠倒的语法让最相关的语句变得艰深晦涩。信中的语言极其错乱,笔者像是迫于某种难以应付的压力而不得不把一些词随便拼凑起来。信中的某处文字表明这种精神压力让他把生活中原本不相干的东西联系起来:

> **一切事物竟是如此紧密相关**,在这里(普罗旺斯的乡村),你有时会在食物里发现蟑螂,这让人想到巴黎;而在巴黎时,你又会想念这乡间的田野。[1]

事实上,在 1882 年 11 月从海牙寄出的信中,他就表现出这种关联事物的敏锐性:"我感到内心中的一种力量在沸腾",文森特写道。想象一下,一种内在的狂热的气泡,在炙热火焰的炙烤下疯狂地沸腾,并从人格的器皿中溢出。各种与之相关的印象如泡沫一般汹涌而上,亦幻亦梦。汹涌澎湃过后,容器内部的沸液渐渐消退,形成凝聚的残渣,但容器坚定地固守在那里,等待整个过程的下一次爆发。

值得注意的是以上所引用的那句话试图在建立一种两个极端的平衡。画家文森特有这样的习惯,他会在想象中把他在阿尔勒画的肖像画和图鲁斯-劳特累克在巴黎画的肖像画放在一起。在我们并不熟知的两段时期——1874 年居住在伦敦卢瓦耶家的那段时期和 1880 年妄自菲薄的博里纳

---

[1] 文森特写给提奥的信,圣雷米,1889 年 7 月 14/15 日,编号第 790 封;此处加了着重线。

日时期，他似乎在毫不相关的现象中寻求一种想象中的平衡。正如我前面所讲，这种幻想中的道德感促使他割掉自己的耳朵送给了那位妓女。

他姑且可以从这些幻觉中清醒过来，让理智重新占上风。然而，他在生活中所面临的巨大的财务问题——他欠提奥的债务——因其冲动消费而不断加剧。他总是需要更多的颜料、更多的酒和家具。他同样冲动的创作则是为了寻求一种平衡。而他明白这——在他充满焦虑和内疚的信中提到——才是最不现实和最绝望的幻想。但这恰恰是一种理智。画家梵高用其流传了一个世纪的震撼人心的作品告诉我们，我们没有资格把他称作疯子。

他将工作视为支撑命运的荒谬与不幸的平衡力，而他也越来越接受命运的安排。1888年的最后一周，他回到黄房子，用仍然颤抖的手在他所画的备忘录上写下了一句健康箴言，放在了提奥传达好消息的那封信的旁边：**从此，我也要改过自新**。他仔细观察着镜中受伤的自己，画了两幅头绑绷带的自画像。接着随意地画了几幅描绘静物的画，然后便又重新开始了疾病暴发前就已经着手的一项大工程。也许有人会刻薄地评价这幅《摇篮曲》——奥古斯蒂娜·鲁兰摇着摇篮的画面——不至于让他失去理智。文森特描绘的人物原型过于粗糙而呆板，并不能体现他所渴望表达的精神上的慰藉，而为了弥补这一点，他赋予了画中人物绚丽多彩的背景——一面由花朵和圈圈点点装饰的墙。这成为他接下来描绘这幅画面的五个版本中的亮点。1889年的头几个月,他反复地雕琢这幅作品。这也说明这幅作品所代表的潜在性和所产生的困惑。这种无拘无束的背景图案同样也出现在两幅用来答谢的肖像作品中:一幅画的是约瑟夫·鲁兰,另外一幅则是主宫医院的雷伊医生。[1]

挨过了大斋期间邻居的不友善和独立病房煎熬,文森特得以于4月初来到阿尔勒周边的郊区取景。在那里,他完成了几幅结构均衡的大幅风景油画。这些油画体现了他在过去一年里所坚持的绘画风格。文森特在这个小镇的日子很快就要结束了。在他接受了自己必须离开阿尔勒这件事后,他画了一幅更加深入的自我盘点之作,描绘他最近过夜的主宫医院病房的油画作为对阿尔勒——或者是对其所生活的社区的缩影——的道别词。这幅画中充满了镇静与恬淡:他像去年一样使用了蓝黄色调,但更多地加入了苍白色调,画面更加柔和,他不会再冒险使用那样浓烈的色调了。

2

通过萨勒牧师,文森特得知在四十英里外阿尔勒的东

---

[1] 实际上,后者并没有领文森特的情。他为这位"可怜又讨厌的家伙"对色彩的偏狂感到惊骇,于是使用这幅画做了鸡舍的后壁。二十年后,在一位研究员的执意要求下,被抢救了回来。雷伊医生对文森特的印象收集在苏珊·艾莉森·斯坦(Susan Alyson Stein)编辑的《梵高:回忆》(纽约:H. L. 莱文联合出版社,1986)一书中。

北部，也就是阿尔皮耶山石岩峭壁的另一边，有一家精神病患者的收容所——圣保罗精神病院，其前身是罗马式教堂，教堂的回廊和花园还保存完好，只是在法国大革命后，这里便改成了精神病院。在医院的北部不远处是一座叫做圣雷米的小镇。既然自己不得不与疯子为伴，那么至少可以选择一个更好的环境和更仁慈的管理制度。提奥和以往一样默许了文森特的决定并且承担了一切费用。但实际上，文森特于1889年5月8日入住的这所精神病院的院长——曾经的海军军医佩龙先生——并没有开明到放任其自由的程度。医院里并没有治疗这三十几号男男女女精神病人的有效机制，而这里的生活供给品一切从简——这里的主要食物是吃剩的炖豆子。因为缺乏管理，男性病房里的病人随处游逛，每天在无所事事中度过，这种懒散的生活方式让勤劳的初来乍到者感到震惊。

有很多病房闲置着，这也是管理上的一个大问题，但对于这位新人来说，这也意味着在古老的建筑里有足够的空间让他远离其他病人间歇性的嚎叫，并能够专心地绘画。入住第一周，他便欢快地跑到花园中画了紫丁香丛、鸢尾花和被爬满常春藤的树干围绕起来的石凳。像在阿尔勒时一样，文森特在探索一种浓重笔触的新画法——或者通过点和线来突出对象，或者像"一便士杂货铺"里"普通的"彩色印刷品一样，用分隔主义的边线把描绘的对象围绕起来。把最美好最重要的部分放大，将其特性展现给观赏者——这种具有民粹主义的精神慰藉艺术仍然让他着迷，尽管如今围绕在他周围的是一群各式各样的迷失的灵魂，因缺乏看管而不得不彼此守护。

很快，文森特就被窗外的景色吸引了。他卧室的窗户在教堂东区靠北的二楼。窗外是一块被石墙围起的方形麦田，向远处延绵而去。一些竖起的栅栏迅速地遮蔽了入住者的痛苦的出口，而那栅栏就像是文森特早前使用的视角框架，只是没有水平稳定架而已。《播种者》的作者终于回到了他的家乡，这里有小麦和麦田上冉冉升起的"散发着光辉的"朝阳，而他并不关心向右望去那若隐若现的阿尔皮耶山。（"实际上，我还从未见过一座山。"他在去年写给维尔的信中写道。）他一边笔耕不辍地将眼前的景色画成素描，一边试图去理解眼前的一切。各种事物串联起来，让他不再以惯常的思维去思考。面对这片封闭的田地，他尝试了一种倾斜着的全景图，使这片旷野呈现出一种左切线视角，与此同时，他将庄稼地里的所有生物活灵活现地推到观赏者的眼前。这是一种惊人的突破，在接下来的几个月，他又画了许多幅描绘这片麦田的油画。

不再拘泥于正面视角之后，文森特眼中的世界开始以一种跳跃着的节奏呈现在画布上，这似乎和日本浮世绘有几分相似之处。事实上，去年秋天，当文森特接受了高更和贝尔纳的意见并开始尝试在绘画中融入自己的想象后，他就画了几幅类似风格的作品。因此，这种新的尝试并非无规律可循。然而，事实并不仅仅如此。在此之际，文森特粗略地描绘了那副旷世之作，虽然他自己对这幅作品完全没有信心。1889 年所画的《星夜》只不过是一幅"习作"，他在 6 月 18 日写给提奥的信中提道。和去年 9 月的那幅描绘罗讷河上的北斗星和映在河面上的阿尔勒的煤气灯相比，这幅大幅油画的确过于抽象。而文森特对于这幅油画构思已久，他在 1888 年 4 月 9 日就提到过要画一幅**"有丝柏树的星夜"**。

1889 年 5 月末 6 月初，在文森特的坚持下，医院允许他在一位看护的陪同下去教堂的周边绘画。山坡上的草地和橄榄树丛直通阿尔皮耶山上的悬崖峭壁，而丝柏树巍然屹立于山坡之上俯瞰这一切，这条向上延展的轮廓为文森特的作品提供了一条轴线，远处的圣雷米教堂和周围的房屋提供了更多的素材，被重新安放在了疗养院的南边，依偎在阿尔皮耶的山脚下。似乎疗养院图书馆中的科学期刊里关于星空的天文图像也被引用到了这幅画中。那么，文森特到底为何将如此丰富的元素融合到一起？

文森特猜想他那位敏锐的弟弟看到这幅迷人的景色时定会提出质疑，因此在同一封信中，他为自己辩解道："这并非浪漫主义或宗教主义，不是的。"实际上，就在前一天，文森特刚刚收到弟弟的来信。提奥在信中担忧地提醒他，不要效仿当下流行的象征主义去"歪曲形式"，或者描绘一种"神秘地带"，又或者追求"眩晕"的效果，"只要把眼前的景色描绘出来就行了。"对提奥来说，描绘眼前的真实景色才是文森特所擅长的。显然建议来得太迟了。文森特不得不声明，他是在推进高更和贝尔纳的宏大目标——或至少他是在朝着那个目标的方向而努力。他还解释，这种目标所要表达的是一种纯粹的、未经污染的自然景色，这与枯燥乏味的城市生活和煤气灯截然不同。

这就是有关《星夜》这幅作品的部分解释，但正如我所说，文森特的文字并不能完全解释他的作品。去年夏天，他那些复杂的猜想——可以解决凡尘俗世间所有疑问的天际平衡理论——显然影响了如今的创作。有时，当精神的错乱像闪闪发光的气泡一样闪现时，在气泡的间隙，"时间的面纱和事物的必然性似乎为我打开了一眨眼的空间"，他在3月如是写道。这种说法虽然有些奇怪，但并不完全荒谬。也许我们应该将他的精神想象成一种汹涌澎湃的卷曲运动，表现在其作品中便产生了视觉上的关联类比。虽然文森特拒绝将这种大胆的现代手法称为"宗教主义"，但《星夜》的确描绘了一种具有神秘主义色彩的圆满。而那画面中的大漩涡恰恰源自于文森特的灵魂深处。

想要正面观察这幅画并不容易，而随后在7月份完成的一套素描中，他将这种涟漪、卷曲和颤动的效果更是发挥到了极致，形成了完全属于他自己的一个疯子的洛可可。这些浓缩了如今的油画风格的钢笔画像以往一样被寄到了巴黎，用来汇报绘画的进展。也许有人会说，他拼命地绘画是为了抒发和转移精力，从而缓解自己精神上的躁动。然而我们还应注意到，这些展示给提奥的习作是经过雕琢的，它们比以往任何作品都更加具有其个人风格。而它们所代表的油画是他在看护的陪同下长途跋涉地来到悬崖下的田地里完成的。这些具有蒙蒂塞利的厚彩风格的作品大多描绘的是丝柏树。

这些丝柏树"使我着迷"，文森特于 6 月 25 日写道，"因为当我看到它们时，我很惊讶竟然没有人画过这些树。"紧接着，他又把这些树比喻成埃及的方尖碑。文森特并不愿将丝柏树与它固有的死亡意象相联系。同一时期，文森特还画了一幅收割者拿着镰刀在那片麦田里收割金黄色的麦子的油画，呼应了去年所完成的《播种者》。终于在 7 月 2 日，他开始正视弟弟的指责：

> 我正在学习如何毫无怨言地承受这一切，学习着接受痛苦，因此我尝试了这种有点眩晕的效果。在生命的另一头也许存在着对这种痛苦的解释，哪怕只是一点端倪而已，而在生命的这一头，有时候是那样的不可企及以至于它让人感到一股脑地绝望。

在这种情况下，渴望死亡并非疯狂的想法，但对于绘画的热爱让文森特继续坚持着。而维尔寄来的一篇柔意绵绵的小说更是激发了他对文学批评的热情。爱德华·罗德的

《生命的意义》所讲述的大山里的幸福婚姻过于矫情,它"并没有教会我任何关于生命的意义",文森特向提奥抱怨道。而此时,提奥的幸福婚姻马上就要因乔的怀孕变得更加完整。小说中关于大山的意象促使文森特于7月在看护的陪同下,远足来到阿尔皮耶山脚下,在那里完成了一幅描绘奇山怪石的充满活力的作品。事实上,文森特从来没有停止过对爱情的渴望。他在4月的信中表达过这样的困惑:

> 有时,就像海浪吹打着沉闷而绝望的岩石一样,一股强烈的欲望让我想去拥抱点什么,即使是一个家庭主妇类型的女人,但是我必须接受现实,这只是由于过于激动而产生的感受,这并不现实。

7月,他获得佩龙医生的允许回到了阿尔勒。他想起了去年秋天被高更说服从咖啡馆来到画室为他们充当模特的玛丽·吉努,他越来越想念那张娇美的面孔。但他并没能如愿以偿。

当他和看护来到小镇上时,并没有找到吉努,也没有找到善良的萨勒牧师和雷伊医生,而鲁兰此时身在马赛。运气太差了,这就是命。他不仅性功能衰竭,如今连个朋友也没有了。文森特和陪护人员在7月中旬的一个大风天返回了山里。在和提奥悲愤地抱怨与外界的失联和疗养院的蟑螂后不久,在画一座砂石厂的时候,他又犯病了。精神的错乱并没有让他停下画笔,他最终完成了那幅油画。

3

文森特整整病了六周。他的幻觉中出现了大量穿着蓝色斗篷的人(根据随后的证据推断),而她们便是那幅看似真实的油画——《阿尔勒医院的病房》——里穿梭于画面中景的人物。这些被法国南部天主教称为"姐妹"或者"嬷嬷"的修女如今在疗养院的女性病房工作。去死吧,她们这样对他说。他发疯的时候,会喝掉煤油灯里的煤油,吸颜料管里的颜料。因此在此期间,必须把他监禁在病房里,把他绘画的东西锁起来。8月22日,他的情况短暂回转,在此期间他悲痛地向提奥诉说吞食"乱七八糟的东西"损伤了他的喉咙,但对于"这些糟糕的时刻,他的记忆并不清晰",他还称一切都**"糟糕透了"**。

进入9月,文森特恢复了理智。随即,他便以惊人的速度和清晰的头脑,精力充沛地再次投入到绘画中。又可以握住画笔了,他马上跑到镜子前画了一幅自画像。这幅画中呈现的是一个面容憔悴的变了形的人体标本,在深蓝色衬衫的映衬下,他面色枯槁,与周围的明艳色调形成了鲜明的对比。文森特随后又画了一幅色调更加柔和的自画像,希望在这幅画中将自己从当前的窘态中脱离出来。实际上,在这幅9月5日起笔的自画像中,文森特猛烈的笔触将其思想意识推到了前端,使整幅油画产生一种无以伦比的艺术之美。最后他笔锋一转——将外衣上的褶皱延展到头部周围的空间——传达给观赏者的与其说是人物的精神状态,不如说是一种震撼人心的融合之美。

文森特感觉到自己似乎取得了进步,但就像《星夜》一样,他并不确定那到底是什么。他用"模糊而隐晦"来形容这幅画给人的感觉。这幅画与几天后完成的一幅描绘目光锐利的医院护理员夏尔·特拉比克的伟大肖像画形成对比。文森特在去画丝柏树的路上经常路过看护特拉比克的房子,这位看护的妻子虽已"风韵不在",但却非常和善。文森特很快在她身上看到了谦卑的意义,他随即将其从对植物的特写中表现出来——"一颗落满灰尘的小草叶"正因微不足道,才值得他去描绘。在她身上所看到的坚忍是一种智慧。文森特太过迷于绘画,他并不具备那种美德,但至少我们在他身上看到了毅力。在接下来的秋天,就是这样的精神让他笔耕不辍地反复临摹熟悉的场景。

9月初,文森特又重新回归到麦田的主题。而当被允许外出时,他又开始画悬崖峭壁。随后,他又画了另外一幅《收割者》(*The Reaper*),然后是重复描绘在阿尔勒居住期间的《卧室》。他还勇敢地将早已在幻觉中被扭曲的伟大形象用敦实的色彩画到了油画上。这是临摹他拥有的德拉克鲁瓦的版画中圣母哀子的主题:油画中身穿蓝袍的圣母正在哀悼满头红发的死去的基督。这幅画他也画了两次。

在完成这幅蓝黄色调的临摹作品后,他又开始尝试临摹其他的作品。大量他所熟悉的米勒的版画——其绘画初期的范本——被临摹成了彩色的油画。

这种反复无休止的临摹是一种迂回策略,它一半源于文森特内心的灼痛,一半出于自我麻醉。他的画笔时而扭动,时而旋转,时而卷曲,时而敲打,时而反复轻拍,起笔锐利,进而温顺。他所要刻画的人物形象随着颜料的散开被分解成舒缓的镇定剂。如今,他早已将绘画看作是"精神疾病的避雷针"。10月初,他激昂澎湃地完成了一幅桑树画,这更生动地证明了他的描述。除此之外,在文森特的库存中又出现了两个新的主题。6月,他曾短暂地尝试过橄榄树丛,而如今的橄榄树在他的画笔下有着低矮密集的树干,树下成堆的红色土壤形成一片丰沃的土地——这片土地像极了客西马尼园,让他不禁联想到自己对耶稣的爱。橄榄树丛上方有时艳阳高照,有时它会沐浴在暮色里银光闪闪。后期,他又在画面中添加了晚秋的收割者。橄榄丛的画面像吗啡一样成为他精神上的慰藉。画面中经常出现的平稳而潦草的笔法让这八幅硕大的油画看起来有如未经思考的行尸走肉一般。

与橄榄丛相对应的是修道院西侧围墙里的花园,里面"亘古不变地傲立着"威严挺拔的松柏树。坚持重复性地绘画对他来说是一种英雄主义。11月中旬,文森特完成的一幅油画预示着他对绘画的研究达到了登峰造极的地步。他对色彩与笔法的运用从未如此地融会贯通，同时又将他独创的自然植物的意象融入其中。《圣保罗医院花园》（*The Garden of Saint-Paul Hospital*）中喧嚣的复合节奏演奏出这种充满斗志的精神上的管弦乐，从而推翻了红色与绿色永远不足以表达人类情感的论断（德里·邦格曾说"好像我很在乎他**想要**做什么似的！"）。文森特这样描述第一颗松树：

> 一个黑色的庞然大物——像一个堕落的高傲的人——被看作一个生命，与花丛中最后一支玫瑰的苍白微笑形成对比，而微笑正在逝去……一缕阳光——最后一丝阳光——将暗沉的赭色提亮，使之变成橘黄色——树与树之间到处爬满了黑色的小影子。你会明白，将赭红色和忧郁的灰绿色与由黑色线条修饰的轮廓结合起来，能够引起一种焦虑之感，而这正是我那些不幸的病友们所经历的……

这段详细的解释是写给埃米尔·贝尔纳的。文森特想告诉这位偶尔与自己通信的朋友，绘画意图与现实的绘画作品之间的关系。形而上学的贝尔纳如今已经向前看了，他正在尝试尖锐而呆板的"朴素的"基督油画。像以往一样，这些作品的图片引发了文森特一场慷慨激昂的长篇大论，信中的言辞十分粗鲁，以至于对方根本不知如何回复。贝尔纳就这样被文森特说教了一番。文森特所批判的对象是其所追求的"抽象"——即在绘画时关注思想而非物质。实际上,就在一年前,在高更的建议下,文森特对此还十分着迷。而如今,他已经开始后悔 6 月时"将星星画得那么大"了。文森特辩解称绘画应该表达激情,而"被圣经感动无疑是明智的,但现代的现实主义对我们影响如此之大",只有通过对自然不懈地观察,对"真理、可能性"和"几片土壤"的敬畏,才能够真正取得成就。

这种犀利的批评同样适用于文森特自己。两个月前,文森特曾思考过画家的"笔触"或者用笔如何具有一种永恒的张力,因为"真实和本质"来自于对户外粗略的观察,而"和谐与惬意"则来自于画室中的思考。他当前对现实主义的推崇只是一种假象,因为很快他就表示想要画"一个像被时间打磨过的遥远而模糊的记忆。"这一想法让其笔下的橄榄树丛有如催眠般地千篇一律,但同时期的另一幅描绘身着蓝裙的女子从茂密的树荫下走过的画面,营造了一种更加梦幻的感觉,召唤出一种比贝尔纳的任何作品都更加神秘的"具有中世纪特点"的叙事空间。

如果说文森特正行走在精神的钢丝绳上,那么在年末的几个月里,他走得相当平稳。他有时候会谈到忧郁这件事,有时想彻底放弃绘画,但同时他欣然地接受了比利时画家小组"二十人"新年展出的邀请。提奥为他所做的努力终于奏效了。11 月,疗养院里最勤奋的病人再次获得允许探访阿尔勒。与 7 月的远行不同,这次他非常幸运。吉努夫人和她两面三刀的丈夫热情地招待了文森特。实际上，所有人都相当友好。几周后，他甚至被允许在圣雷米的街道上画画。

值得一提的是，12月23日，文森特竟然给母亲写了一封深情款款的信。从1885年文森特被赶出尼厄嫩的牧师公馆一直到1888年圣诞节的那次事故，他们几乎失去了联络。1888年的那次事故后，文森特只写了几封温和谨慎的信给她，"不要太担心，我很好。"与之相比，在同年写给高更的信中，他要亲切得多，只是气氛有些尴尬。夏天过去了，病情有了好转的文森特开始思念起北方。这里的修女和修道院的回廊以及那些长袍所代表的"迷信的"意象让他感到焦虑不安。他央求提奥让他离开这里。但同时他也意识到，提奥的孩子马上就要出生了，因此提奥还要操心其他的事情。是时候越过提奥来正视那位最了解他们兄弟俩的人了。文森特首次正视了自己和母亲的关系：

> 我经常为以往的事感到自责，我的疾病很大程度上是我自己造成的。对于以往的过错，实际上我不确定我能否以某种方式进行弥补。但一想到这些或每当我试图弄清楚原因时，都会感到很困惑，有时这种感觉比以往都强烈，简直压得我喘不过气来。然后，我就想到了你和以前的生活。你和爸对我太好了，真的太好了，可能比对其他子女还要好，而我好

像天性就是个不快乐的人。

唉！真诚的忏悔并未让他得到精神上的缓解。圣诞节前夜，正如他所害怕的，他有一次新的发作，新的一年在发病中开始了。这次他病了一周，等他清醒过来时，发现画笔已经被锁起来了。1890年新年伊始，唯一可行的办法就是接受永久性精神疾病这个事实，因而和佩龙医生的谈判就需要更加务实一点。这位监护人非常和蔼，只是缺乏想象力。1月中旬，他再次答应了文森特去阿尔勒的请求。这次情感之旅对吉努夫人来说也许并没有影响，但对文森特就不一样了。回来后，他再次出现了精神错乱，大约持续了十天左右。佩龙似乎感到非常无奈。也许最好的办法就是让这位健谈的外国人在他一楼的画室里越忙越好，"将米勒的一些作品转译"（更不用提多雷和杜米埃）成油画，成为文森特在这个冬天周而复始的工作。

如此劳苦的工作——在2月1日写给提奥的信中，他简要地概述了目前的情况——是否代表他已经接受了谦卑的角色？当然不是，这又一次只是个假象，一个幌子而已。在遥远而美丽的巴黎和布鲁塞尔，文森特突然出名了。经过近十载默默无闻没有回报的辛苦劳作，终于在三十七岁这年，文森特收获了盛赞，说他"具有无以伦比的浓烈的"美感，是一位"出色的画家"，弗兰斯·哈尔斯的"杰出同胞"和"继承人"。[1] 提奥的一位熟人约瑟夫·艾萨克森在一篇荷兰艺术评论里插入了一句话,"一位独行的先驱……他的名字叫文森特,值得被后人所牢记。"这句话顿时引起了一阵骚动。而12月初,提奥提到"贝尔纳的一位叫作奥里耶的朋友"突然前来拜访,把他在巴黎公寓里堆着的那些画全部看了一遍。

阿尔贝·奥里耶是象征主义作家圈里的一位年轻而热忱的批评家。1890年,他和他的伙伴们在《法兰西信使》杂志上创办了一个评论栏目。他在把贝尔纳、高更,当然毫无疑问还包括提奥在内的所有人轮番评论一圈过后,在某期的期刊上洋洋洒洒地写了五页对文森特来说姗姗来迟的评论,对其后期的作品进行了全方位的鉴赏,这些评论至今都存有很大的参考价值。奥里耶写道,他的第一印象便是"一个患有间歇性精神疾病的人",让"自然在精神错乱中肆意扭曲",而在这种暴力的"放纵"和看似"粗糙"的笔触下,人们会不禁留意到其"对人物细腻的研究,对每个绘画对象本质意义的不断探寻",在这方面,画家可与早期荷兰的绘画大师们相媲美。而在这种自然主义背后,"在最本质的物质之中,是心智所能察觉到的想法和观点……"奥里埃拿文森特的"真理播种者"举例,在他不

---

[1] 阿尔贝·奥里耶(Albert Aurier),"独行者:梵高",《法兰西信使》,1890年1月,《艺术理论》,1815—1900,查尔斯·哈里森(Charles Harrison)、保罗·伍德(Paul Wood)和詹森·盖格(Jason Gaiger)编辑,皮特·科利尔(Peter Collier)翻译(牛津:布莱克威尔士,1998),第948—52页。

切实际的幻想中,他认为文森特也许会"复兴我们衰朽的艺术,也许还有麻木的工业化社会",并将共当作象征主义的英雄。他宣称文森特对于"用这种新式的、简朴的、略显稚气的绘画方法,来感动最卑微而单纯的人们"的憧憬,像他的作品一样炽烈,而事实上,他的作品却注定只能被"他的兄弟们和真正具有艺术鉴赏力的艺术家们"所理解。[1]

因此,文森特是 les isolés 中的一位,即文章的标题中出现的"独行者"。对这位先锋派的行家来说,没有比这更贴切的描述了。这篇文章的缩减版在布鲁塞尔的期刊上发表时,恰巧赶上了"二十人"画家俱乐部 1 月的群展开幕。这让文森特在展览上展出的六件作品得到了不少的关注——两幅《向日葵》系列作品、两幅阿尔勒的风景画和两幅在疗养院画的油画。这些作品很快成为小镇上的话题。2 月,那幅描述阿尔勒风景的油画《红色葡萄园》成为文森特第一幅正式被卖出的作品,这幅画是阿尔勒时期与高更同住时完成的。这幅画的买家是欧仁的妹妹安娜·博赫。文森特在阿尔勒时期曾为诗人欧仁画了一幅肖像画。

1 月末,当这位日渐好转的精神病人收到叫作奥里耶的年轻人的评论后,他的回应更加深奥而复杂。"这样的一

---

[1] 这一段落的所有引文均引自奥里耶的文章《独行者》,该文章出自哈里森、伍德和盖格编辑的《艺术理论》。

篇文章自有其文学价值,这一点是值得尊重的。"文森特向提奥评论道。这篇文章的确让他"感到惊讶"——他希望自己并没有"像文章中描述的那样绘画",但由此说来,画家的角色就改变了,他在"为**模特**而**充当模特**",即为批评家的理想主义充当模特。他亲自给奥里耶写了一封感谢信。在信中,文森特谦卑地表示蒙蒂塞利和高更才更值得评论。他还称默默无闻让人感到舒适。在此之前,他曾说过,"鉴于我经常感到神志不清,我只能生活在社会最低等级的状态之中。"啊!但是他又是如此地激动,尤其是当提奥把卖画的收入寄来时。"骄傲像酒一样让人迷醉,"文森特在信中对维尔说,"当一个人被夸奖时或喝醉时,会变得悲伤。"

4

1890年1月31日,文森特·威廉·梵高出生了。七年前,当这位新生儿的叔叔被迫与西恩·霍尔妮克分开时,不得不忍痛抛弃他的小养子威廉。对文森特来说,新生儿是"最好的礼物"——生命的幼芽,他们所激发出来的人类情感让我们真正成为一个人。然而,他自己注定与此无缘。提奥以他哥哥这只"破碎的器皿"来命名他的儿子,着实让文森特感动不已。[1] "我更希望"——文森特于 2 月 19 日再一次向他的母亲倾诉——"他用爸的名字而不是我的，命名他的儿子，我最近经常想到爸。但是既然事已至此，我开始着手为他画一幅可以挂在卧室的画。那是一棵以蓝色天空为背景的枝叶繁密的杏花树。"

1890 年伊始，文森特的油画已经超越欧洲以往的任何一位画家了——包括他自己在内。在此之前的所有日本风格的作品从未如此地超然于构图视角与画面结构之上。他对于弟弟的祝福——"家庭于你就如自然于我一样"——以一种看似无形却处处流露于笔尖的爱意表达出来：这是梦的天堂。

> 你能看出来，这也许是我画得最耐心的一次。对我来说这是最好的一幅作品，在画画时，我非常冷静，每一笔都无比笃定。第二天我已经感到精疲力竭了。

在画完《怒放的杏花》之后，接踵而至的是又一次的精神错乱，而此次又与以往不同。某日——也许是 2 月 22 日，星期六——文森特内心激昂澎湃，这并不仅仅是因为他获得了名气（"请告知奥里耶不要再写关于我的文章了，"

---

[1] 文森特写给提奥的信，圣雷米，1890 年 1 月 13 日，编号第 839 封。扬森、卢伊特詹和巴克将此句翻译成"破碎的器皿"（broken vessel），更具有圣经色彩。引自《圣经·诗篇》31：12。

他后来给提奥写信时说,"他根本无法想象这会令我多么痛苦"),还因为他对吉努夫人的柔情蜜意。高更逃离阿尔勒时,留下了一幅吉努夫人的炭笔画,文森特以这幅画为样本,画了五幅临摹的作品《阿尔勒姑娘》。他现在想亲自把其中一幅交给吉努夫人。

关于此次行动并没有详细记载,那幅画也没有保存下来。唯一可以考证的是 2 月 23 日星期日,佩龙医生不得不派两个人拉着一辆四轮马车去把游荡在街头语无伦次的文森特运回来。文森特的下一次通信是在 3 月 17 日。当他恢复清醒后,就马上写信给提奥汇报,这次病发后,他"没有痛苦了,的确是这样,但是却感到十分茫然"。他继而又开始神志不清,一直到 4 月的最后一个星期。

在最后这段时期,这位病人的精神状态已消沉至极,医院甚至认为即使允许他使用绘画用具,他也不太可能再伤害到自己了。因此,这一时期他创作了许多铅笔素描和一些油画。文森特后来将之称为"北方的回忆"。那些思乡心切而导致的迷迷糊糊的梦游,重申了他在布拉班特时绘画劳动人民和他们的小木屋时的愿景——**土地上的人们**。有趣的是,当文森特把线条变成断断续续的短线与凌乱的环状和旋曲时,他的色彩本能却<u>丝毫没有减弱</u>。这位四个月前还在用油画来表现那些"不幸的病友们"的焦虑的管弦乐工,此刻正在悲恸地用颜料表达着自己的焦虑。

经历了九周的精神恍惚过后，4月29日，文森特又恢复了清醒，"无以言表地悲恸与无聊，我不知道我应该何去何从。"但有一件事是可以肯定的：文森特必须离开。

他的确在三周之内离开了。原因有三：第一，提奥在过去的几个月里一直在和一位对艺术感兴趣的医生沟通，这位医生住在巴黎以北，也许是照顾精神紊乱的油画家的最佳人选。第二，在巴黎，突然间人人都在向提奥称赞他的哥哥在独立沙龙上展出的油画，那么问题来了，这位画家人在哪里？第三，疗养院的监督体制松弛，佩龙医生在5月16日掉以轻心地签署了出院的文件，宣布这位精神恍惚的被监护人"痊愈"。

在登上开往巴黎的火车之前的几周里，文森特回光返照般地完成了十幅大型油画：两幅描绘疗养院花园的质感粗糙的近景图、四幅庄严而华丽的花卉画、三幅依照伦勃朗和德拉克鲁瓦的版画以及他自己在海牙时期所画的素描画《疲惫》"转译而来的作品"，最后一幅描绘的是在错乱模糊的无视角的宇宙背景中，行走在普罗旺斯一条小路上的两位行人。在画最后一幅画时，文森特似乎是以高更为原型，因为他向高更描述了这幅画。"如果你喜欢的话，这是一个非常浪漫的画面"，"星星的颜色明亮得有些浮夸，如果你喜欢这样的话"，"最后一次尝试"。

这次南方的旅行，他在信中对提奥说，以"沉船"告终。

5

倒数第二场景：早该去见一见女主角了。文森特之所以能取得今天的成就，除了提奥和他自己，最应该感谢的人便是约翰娜·梵高-邦格。文森特的这位举止优雅、博览群书的弟妹并非他一贯喜爱的女性类型。然而当 5 月 17 日，提奥将这位二十七岁的妈妈介绍给他时，她的"魅力与单纯和善"让他感到吃惊（他在给维尔的信中写道）。文森特认为乔的善良既是一种策略，又很实际。一方面，她深爱着自己的丈夫，却认为这位贫穷的哥哥是个患有精神疾病的大麻烦。另一方面，她在文学方面更倾向于浪漫主义的改革家，比如珀西·比希·雪莱和穆尔塔图里，而虽然她不懂油画，但她很乐意将文森特视为这方面的专家。为了维护婚姻，她愿意接受这种准三角关系，并且展开魅力攻势。她早在此之前就非常热情而积极地与文森特通信。甚至在 1890 年 1 月 29 日临产前，她还匆匆地给文森特写了一封短信，叮嘱对方，如果自己发生任何不幸，请向提奥转达她的爱意。

当文森特和提奥相继去世后，出生在金融世家的乔展现出了管理房产的极大天赋。文森特的首位公开支持者奥里耶（1892 年因斑疹伤寒症去世）只犯了一个主要的错误：那便是他预测文森特的作品只会吸引先锋派的少数。而思想进步的社会主义者乔看得更远，她认为从某种程度上讲，文森特的这种热烈而疯狂的视角的确创造了一种"新式、简朴、略显稚气的作品"，而这些作品能够"感动最卑微而单纯的人们"。[1] 后来她除了在绘画展览中展出文森特的一些杰出作品外，还致力于收集文森特毕生完成的数量庞大的绘画，并将其收藏在阿姆斯特丹的梵高博物馆。在准备最受欢迎的现代艺术神龛之余，作为一位经验丰富的读者，她还认识到文森特的书信的巨大文学价值，因此她将几乎所有的书信都翻译成了英文。1925年去世前，她将未完成的任务交给自己的儿子——一位成功的工程师。

1890年5月，一个星期六的早晨，当她打开公寓房门时，她看到了一位"身材宽硕壮实的男人"（摘自她宝贵的回忆录），这个人看起来"比提奥强壮得多"。这对兄弟站在新生儿的摇篮前，不约而同地热泪盈眶。这是一次非常难得的团聚，乔发现文森特"心情很好"，但他的下一步计划是什么呢？因为此次探访来得太突然，似乎谁也不确定接下来该怎么办。文森特注意到了弟弟虚弱的体质，他看了一遍自己寄过来的已堆积成山的油画，随后便出去看了几个展览，并拜访了唐吉。星期二的早上，他再也无法忍受这位父亲的干咳和孩子的哭叫，突然决定离开。

火车开了十七英里，来到了瓦兹河上的奥维小镇。这里位于通往巴黎塞纳河的一条低河谷的北岸。文森特身上

---

[1] 这一段落的所有引文均引自奥里耶的文章《独行者》，该文章出自哈里森、伍德和盖格编辑的《艺术理论》。

带着保罗·加谢医生的地址。提奥与一些聚集到奥维小镇的画家们合作时,听说了这位刚刚六十出头的医生。被文森特奉为米勒和柯罗的战友的夏尔-弗朗索瓦·多比尼于1878年去世前在此画了几幅描绘瓦兹河畔优美景色的油画。毕沙罗和塞尚也接受过加谢医生的招待,而杜米耶则接受过他的治疗。加谢医生是一位全科医生,但重要的是,当缺乏安全感的文森特在这种健康的乡村环境里绘画时,加谢医生可以给他一种安宁而周到的服务。然而,当文森特抵达奥维并拜访了这位医生之后,却犹豫不定了:加谢医生的住宅给人的感觉是"阴暗,阴暗,再阴暗",而这位好医生看起来和自己一样"古怪"。他没有住进这位东道主所推荐的体面的旅馆,而是在火车站附近找了一家由来自巴黎的夫妇经营的物美价廉的客栈。

文森特此时的生活状况如何?他的精神状态呢?在离开疗养院之前,在那段高产出的绘画狂热期,他写到"画笔就像机器一样运作",而几天后,他完全进入了另外一种状态,"我的思绪完全平静了下来,我的画笔也开始听我的使唤,我在用笔时更有逻辑性了。"文森特的画笔和他所善于表达的思想意识,如今和谐共处于两个不同的空间,而一旦在奥维安顿下来后,这种分离感很快就在他的许多油画中显现出来了。他用力地敲打着画布,在空白矩形画布上随意而急促地将眼前的景色"转译成"钩形、条纹与片状。他对于颜色的运用比以往更加大胆而准确,更加热情而奔放。他的画面像一片浪花迭起的海洋，时而涌动，时而消失在韵律之中。

奥维小镇上古老的茅草屋和中世纪风格的教堂具有一种怀旧的"美感"，并能提供一种绘画上的延展性，这让他想起几周前被关在疗养院时回忆起来的布拉班特的郊区。[1] 中途在巴黎的短暂停留让他有机会参观了附近的展览馆，并翻阅了提奥公寓里的一些杂志，这无疑让他萌生了一些新的想法。一种全新的美学在所有旧形式的基础上诞生了。在这座位于火车线路上的乡村避难所里：

> 这里有许多别墅和各式各样的中产阶级的住宅。这里气氛欢愉，阳光明媚，到处都是鲜花。在这样苍翠繁茂的乡下，在旧社区的基础上，一个全新的社区正在建设之中，但一切都如此协调，空气中弥漫着幸福。

6月12日这天下着雨，文森特对于周围环境乐观的解读以一种几近滑稽的形式表现了出来。他把画板安放在小镇东北方向的河谷岸边，在这里他描绘了"鲜红色的屋顶"后上方开往巴黎的火车和一辆蹚着泥水往丛林之中跑去的马车。在接下来的一个月的作品中，你也许会看到洛可可式的风格——一种即使以文森特的标准来衡量都显得异常

---

[1] 文森特此处引用了来到奥维小镇后发出的第一封信中所用到的词。

激烈的风格，具有十年后未来主义新艺术派的特征。文森特很快就被奥维小镇上的这种"幸福感"吸引了，不再想念几日前逗留的位于繁华都市中的狭小的公寓，他甚至以健康之名邀请那对年轻的夫妇来到这里。在此期间，他还活力四射地带着两个人四处看了看附近的房产。在暴风雨来临之前的那个阳光明媚的周末，他欢快地带着他们去田地里野餐。五个月大的小侄子收获了人生中的第一个鸟巢，并且满脸惊讶地第一次看到了农场里的公鸡和牛。

是什么让文森特如此积极？是他在战场广场沙龙看到的一幅皮埃尔·皮维·德·夏凡纳——一位法国艺术界资深的公众人物——的巨型油画。在这幅《艺术与自然之间》的作品中，有庄严而"简朴"的饰带、思想者、画家、工匠以及母亲与孩子，他们有的穿着长裤，有的穿着长舞裙，有的衣服上点缀着古典的褶裥，有的则如神话人物般赤裸着身子，所有的人和物都在长满笔直的小树的天堂花园中和平共处。这是"远古时代与现代主义的一种奇怪而美好的邂逅"，在文森特眼中，这正是写给贝纳尔的信中提到的，他所纠结的紧张关系的答案。这种永恒的画面提醒他新旧总会交替，因此在他渴望描绘"现代主义肖像"时，他真切地希望能够传达一种"一个世纪以后的人们看起来会像是一种幻象"的感觉。从这个角度来看，文森特与忧郁的加谢医生便产生了一种新的共鸣。为这位年长于自己的红头发精神病人画肖像画，就像是描绘一个想象中未来的自己。事实上,"长时间观赏皮维的作品"——正如文森特常做的,他的临摹是原版的精彩增强——"我会感到自己在经历一次所有事物必然而仁慈的重生,而这可能是我所相信的,可能是我渴望已久的。"

可能是,可能是。也许社会正在迎接一个崭新的未来。文森特很乐意不停地画画,他激动地感到(自那次野餐之后)"噩梦暂时像是停止了",但是不可否认的是他对于人际关系"没有天赋",也从未"观察过我所爱慕的人们,除了透过漆黑的玻璃"。他在6月13日写给母亲的信中,引用《新约》中的口吻心情沉重地表达忏悔:"人们为何会分别,为何会离开这个世界,又为何会不断地遭受苦难,也许(对于生命)我只能理解这些。"与以往一样,他在落款签上"爱你的文森特",然后另起一页写给"我亲爱的妹妹"。在写给维尔的信中,他以"时间的面纱"这个新视角,再次用文字描述了雨中的火车那幅画。"我想表达的是现代生活中孤注一掷的捷径。"

6

小文森特·威廉不停地哭闹,他的妈妈已经精疲力竭了,甚至在睡梦中也会喃喃抱怨。6月最后一天的夜晚,公寓里炎热潮湿。提奥再也受不了了。让他的身体饱受折磨的梅毒似乎正在侵蚀着他的大脑。他拿起笔奋笔疾书写给**"我最亲爱的哥哥"**:

我们不知道该何去何从……

布索德和瓦拉东公司的那些卑鄙小人对我……

最终要告诉他们，先生们，我要采取行动了……

你对这个老伙计有什么话说……

老伙计……我们要与之抗争到底……

我们要扶着犁往前走……

（我们不会）忘记那些雏菊和翻耕过的新鲜的土块……

也不会忘记那些在冬季里颤动的光秃的树枝……

更不会忘记从姑妈家的花园中升起的太阳……

其余内容不再赘述。提奥写到最后已经精疲力竭。但当7月1日星期二，太阳冉冉升起时，他已经在脑海里做了个**坚定不移的决定**作为这封信的附言。他会**最终告诉他们**。

"对于未来，你想让我说些什么呢？也许，也许离开布索德？"文森特依旧没能做一个睿智的哥哥，他回信中的大部分内容都在强调乡村生活的好处。不过，此刻也许他应该坐上火车赶往巴黎，亲自说服这位可怜的"老伙计"。提奥马上又就单干的计划请教了他的好友德里，然后他在写给文森特的回信中模棱两可地说**"不用来看我，不过如果你来的话"**，随即便转移了话题，谈论起拍卖会上米勒的一幅油画卖出了天价。这个消息正证明了文森特的观点。他认为奥里耶的文章太缺少批评性。这位向往着民粹主义的画家如今偏执地坚信——即使是高更这样的朋友如今都把他的作品捧上了天——自己的确是一位"独行者",一位不幸的艺术家,虽然活在世上,却注定被恐怖的死亡剥夺了在阳光下生存的权利。

7月6日星期六,文森特再次出现在提奥家门口。图鲁斯-劳特累克陪着梵高及邦格一家共进午餐——德里也已经结婚了——他用与死亡有关的笑话取悦这一家人,但只有文森特能笑得出来。图鲁斯离开后,大家开始讨论提奥的宏伟计划,但最终不欢而散。乔无法掩饰自己对方方面面的担忧。文森特同样也表示担忧,但却帮着弟弟说话,他甚至因为油画的挂放位置对乔大喊大叫。最后,他被突然失控的糟糕场面吓到了,匆匆地向火车站奔去。

第二天和第三天,他从两周前购买的绘画用品中挑选了几幅大帆布。这些帆布又高又宽,像皮维的油画一样大,又像火车一样长,很适合描绘疾驰中道路两侧的景色。"画笔像从我的手中滑落一样,"文森特描绘了一幅"在旋涡式的天空下广袤无垠的麦田,我试着表达一种疯狂和极度的孤独"。他解释道,因为自己的生活"自始至终都沦陷其中",自己是一个没有收入的"独行者",一个破碎的器皿,是因为自己"靠你的接济生活",才让提奥陷入如此尴尬的境地。也许如今提奥真该斩断文森特赖以生存的经济援助了。这封信于上次争吵的五天后寄到了巴黎。聪明的乔紧接着回了一封信来安慰文森特,并向他表示,他们夫妻二人会一如既往地资助他。也许创作这两幅行云流水般的油画本身帮助他解决了这次危机。画家也许在经历着地狱般的煎熬，但是绘画足以将其带入天堂。

文森特还可以回到充满欢乐气氛的廉价的奥贝热·拉武旅馆。在那里，他"和蔼的微笑"总是能"得以回报"。[1] 阿德琳·拉武就是见证人之一。那时她十三岁，文森特为她画了一幅轻快的肖像画。除此之外，还有当地的另外一个村里的女孩，以及经常围在文森特身边嘲弄他的一群来自巴黎的小混混中的一个小伙子。（他已经习惯了这种事情，在尼厄嫩时就有这样一群小伙子，而在阿尔勒时则有一群孩子往他身上扔白菜叶儿。）这家旅馆里住着各种各样苦苦奋斗着的画家，这在一定程度上缓解了油腻的饮食和加谢医生住宅内的拘谨，但文森特此时已经开始对加谢医生产生了好感。另外，他又尝试画了一幅大型油画，用以表达对奥维的知名人物——老多比尼复杂而"意味深长的"敬意。接着，他又临摹了一幅无"艺术"的《艺术与自然之间》——放弃人物从而让树根传达情感的老把戏。

情况大概如此，这行得通，他已经形成一种顺应力——思想上的分裂可以让他做到这一点。"我完完全全可以以一种几乎过于冷静的心情来画画。"此处指的是几幅新的风景画，这句断断续续的措辞出现在 7 月中旬写给母亲

---

[1] 艾德琳·卡丽-拉武（Adeline Carrié-Ravoux），《文森特·梵高在奥维小镇的日子》，见于斯坦编辑的《梵高：回忆录》，第 214—15 页。

和维尔的信中——最后一封保存下来的文森特的书信。如今提奥的情况却很糟糕，他曾经说过"**最终告诉他们**"。自从那个糟糕的星期六以来，德里试图劝阻这位疯狂的朋友。文森特也加入乔的行列，一起劝说提奥做出让步。[1] 但一切都太晚了：提奥已经对那些**卑鄙小人**下了最后通牒，他要求老板们给他涨薪，否则就辞职不干了。聪明老练的老板们拒绝了他的要求。提奥带着文森特·威廉突然回到荷兰去探望母亲，当他于 22 日返回后，他这三周以来的愤怒换来的是颜面尽失。他在给哥哥的回信中甚至无法坦白交代：

除了附上一张五十法郎的钞票，他在信中写道："我亲爱的文森特，我希望你身体无恙"，"我有点担心是不是有什么事情困扰着你"，"一定要去看看加谢医生"。文森特清晰地意识到，不管提奥做出什么选择，他都无法再参与其中了。

> 我想给你讲很多事情，但是这种欲望太过强烈，以至于让我感到它毫无意义。

文森特马上写了封回信，似乎想制止他，但转而又鼓励他。至少应该说点什么，即使兄弟间的信任已经瓦解，但这是他赖以生存下去的根基。值得注意的是"由我作为中介，你对于一些油画拥有自己的创造力，即使是在灾难

---

[1] 这封信件已经丢失，但是提奥的回复保存了下来。（提奥写给文森特的信，巴黎，1890 年 7 月 22 日，编号第 901 封）。

面前，也能保持冷静"。信中，文森特的字句之间，平衡摇摇欲坠。这只是一种"暂时的相对的危机"。但"死去的艺术家"与"活着的艺术家"之间的关系仍然紧张，为何不把平衡杆偏向赢家的一边？

> 算了吧，我为我的事业献出了我的一生，我的理智已经沉没其中——非常好——但是你不是那种典型的画商。据我的理解和判断，我认为你是一位仁爱的画商，但是你能做什么

文森特就此停笔了。重新写了一封更加乐观的回信后扔进了信筒里。文森特继续画画，不再写信了。接下来的三天里，他又完成了一幅作品。7月27日星期日的早晨，他画了一幅山坡下河岸边的树根的特写——一种像是在滑行着挣扎着向上的生命形态。午饭时间，文森特回到了拉武那儿，也许此刻平衡杆发生了倾斜，并且就此静止下来。拉武先生恰好有一把左轮手枪被那群小混混们偷了出来，趁着他们不注意，文森特把它装到了口袋里。在另外一个口袋里，是那封拟好的信，那封写着"你想怎样"，和"你能做什么"的信。

那天下午，在谷仓堆后隐蔽的地方，文森特扣动了扳机。这一枪打得并不准，事实上，结束了他弟弟的生命。文森特的葬礼过后，提奥·梵高悲痛欲绝，他行尸走肉般

地度过了九个星期，才**最终告诉那些卑鄙小人他不干了**，紧接着他就因三期梅毒被送进了医院治疗，并于 1891 年 1 月 25 日去世了。在那之前，提奥不得不面对文森特因缺乏射击经验而造成的后果。因为射击位置太低，并没有射中心脏，文森特只是晕了过去，醒来后发现自己还能走回旅馆。在旅馆里，他又度过了最后的三十个小时，在此期间他间歇性地痛苦地哀嚎着。[1] 提奥接到电报后便匆匆赶了过来，在旅馆的阁楼里陪他度过了最后的十几个小时。这位奄奄一息的伤者——如果有一位足够好的外科医生，也许可以被抢救过来，"全是因为当初少了一颗马蹄钉"[2]——态度明确而坚定。"是我想结束自己的生命，"警察在报告中这样写道。最终，在提奥的陪伴下，他于距离 1890 年 7 月 29 日还有三十分钟左右的时刻离开了人世："我一直想这样死去。"

痛苦有更高一层的意义，正如他二十四岁那年在练习布道时作为上帝的代言人时写下的："我们不再是从前的自己了"；而作为疗养院的一位病人，几年后他又写下了这样

---

[1] 奈非与史密斯在《文森特·梵高：生活》一书中推测是巴黎的某个混混开的枪，然而在阿姆斯特丹的梵高博物馆工作的路易斯·范提柏格（Louis van Tilborgh）和泰欧·梅登多普（Teio Meedendorp）对此进行了考究（《梵高的生命与死亡》，《伯灵顿杂志》155, 1324 期（2013 年 7 月）：456—62）。考究结果相当确凿。两位博物馆的研究人员指出枪伤被形容为"射程偏远"，因此不可能是文森特自己所为时，是对法语原文的误读。法语原文中的"trop en dehors"指的是子弹进入身体的部位"太偏向一边了，并没有直接射中心脏"——这里引自范提柏格和梅登多普，二者总结性地否定了前面的假设。我对文森特生命中这段最后时光的叙述主要参考了他们详尽的分析。
[2] 这句话是英语谚语，最常见的变体是"输掉了一场战争，全是因为当初少了一颗马蹄钉"。——编者注

一段话：

　　你知道我最近经常想到什么吗——我过去和你说过，即使我不会成功，我仍然觉得我所做的尝试会传承下去。也许不是直接的，但相信真理的绝非只有我一个人。而一个人存在的意义又是什么呢？我强烈地感受到人和麦子一样，如果没有在土地里发芽，那又有什么关系，他可以被磨成面粉，做成面包。[68]

提奥是否同意，不得而知。

著译者

作者｜ 朱利安·贝尔 JULIAN BELL

朱利安·贝尔是一位画家兼作家，生活在英国的刘易斯镇，著有《世界的镜子：艺术新史》和《什么是油画艺术？代表性与现代艺术》等著作。

译者｜ 付春光

付春光，上海财经大学英语语言文学专业硕士，主修英美文学与翻译。翻译作品《法兰西道路》，由商务印书馆于2013年出版。

图书在版编目（CIP）数据

梵高：一种力量在沸腾/(英) 朱利安·贝尔著；付春光译.

-- 上海：上海文艺出版社，2020.2（2020.6重印）

（小文艺口袋文库.知人系列）

ISBN 978-7-5321-7190-3

Ⅰ.①梵… Ⅱ.①朱… ②付… Ⅲ.①凡高(VanGogh, Vincent 1853-1890)—传记

Ⅳ.①K835.635.72

中国版本图书馆CIP数据核字(2019)第151847号

Copyrights © 2015 by Julian Bell
All Rights reserved.
This edition is made possible under a license arrangement originating with Amazon Publishing, www.apub.com
著作权合同登记图字：09-2017-265号

发 行 人：陈　徵
责任编辑：朱艳华
装帧设计：Studio Pills

书　　名：梵高：一种力量在沸腾
作　　者：(英) 朱利安·贝尔
译　　者：付春光
出　　版：上海世纪出版集团　上海文艺出版社
地　　址：上海绍兴路7号　200020
发　　行：上海文艺出版社发行中心发行
　　　　　上海市绍兴路50号　200020　www.ewen.co
印　　刷：山东临沂新华印刷物流集团
开　　本：760×1000　1/32
印　　张：6
插　　页：3
字　　数：96,000
印　　次：2020年2月第1版　2020年6月第2次印刷
I S B N：978-7-5321-7190-3/K.392
定　　价：27.00元

告 读 者：如发现本书有质量问题请与印刷厂质量科联系　T:0539-2925888

知人系列

汉娜·阿伦特：活在黑暗时代
塞林格：艺术家逃跑了
爱伦·坡：有一种发烧叫活着
梵高：一种力量在沸腾
卢西安·弗洛伊德：眼睛张大点
阿尔弗雷德·希区柯克：他知道得太多了
大卫·林奇：他来自异世界

33 1/3 系列

地下丝绒与妮可
迈尔斯·戴维斯—即兴精酿
大卫·鲍伊—低
汤姆·韦茨—剑鱼长号
齐柏林飞艇 IV
（即将推出，书名暂定）
鲍勃·迪伦—重访 61 号公路
涅槃—母体中
人行道—无为所为
小妖精—杜立特
黑色安息日—现实之主

知物系列

问卷 _ 潘多拉的清单
静默 _ 是奢侈,还是恐惧?
弃物 _ 游走在时间的边缘
面包 _ 膨胀的激情与冲突

小说系列

报告政府
我胆小如鼠
无性伴侣
特蕾莎的流氓犯
荔荔

二马路上的天使
不过是垃圾
正当防卫
夏朗的望远镜
北地爱情
群众来信
目光愈拉愈长
致无尽关系
不准眨眼
单身汉董进步

请女人猜谜
伪证制造者
金链汉子之歌
腐败分子潘长水
城市八卦